高情商接话

王健平　编著

北方妇女儿童出版社
·长春·

图书在版编目（CIP）数据

高情商接话 / 王健平编著. -- 长春 : 北方妇女儿

童出版社, 2024. 5. -- ISBN 978-7-5585-8603-3

Ⅰ. B842.6-49; H019-49

中国国家版本馆CIP数据核字第2024U52W22号

高情商接话
GAO QINGSHANG JIE HUA

出 版 人	师晓晖	
特约编辑	刘慧滢	
责任编辑	王天明	
装帧设计	纸上书妆	
开　　本	710mm×1000mm　1/16	
印　　张	12	
字　　数	112千字	
版　　次	2024年5月第1版	
印　　次	2024年5月第1次印刷	
印　　刷	三河市燕春印务有限公司	
出　　版	北方妇女儿童出版社	
发　　行	北方妇女儿童出版社	
地　　址	长春市福祉大路5788号	
电　　话	总编办：0431-81629600	

定　　价　　59.00元

前　言

　　接话，是学校里没有教过的学问，也是生活中不可或缺的本领。懂得接话的人在一起会越聊越开心，从陌生人成为好朋友。不懂接话的人，经常互相制造尴尬，直接"把天聊死"，甚至家人之间也经常会爆发争吵。

　　接话无处不在，但很少有人真正研究过其定义，更不清楚"高情商接话"和"普通接话"的差别。普通接话几乎人人都会，无非是在别人说完之后，自己紧跟着说话。但高情商接话却有一定的难度，它是指说话者能根据不同的环境、对象，读懂对方话语中的内涵，再通过适当的语言、语气来接续话题内容，表达本方意图，推进双方沟通。高情商接话需要说话者在短暂的时间内完成正确判断，再用正确的方式进行表达。接话者应能第一时间分析出他人话语意涵并迅速调动自己的思维和语言能力，给予最适当的回应。

　　接话容易而高情商接话则难。高情商接话者善于理解他人，也善于表达自我。与那些雄辩高手不同，高情商接话者可能并不经常"出彩"，他们不一定总有机会站到聚光灯下，在众人的注视中神采飞扬，但他们总是能温和理性地抓住每一次机会，和身边每个人高效互动，在社交、工作、家庭、友情、爱情等不同关系的经营中占据主动角色。总而言之，雄辩高手经常能赢得辩论，但高情商接话者永远能赢得人心。

为了帮助大家更好地了解高情商接话的技术，作者写成本书，以飨读者。本书前半部分从丰富的日常对话情境出发，选取工作、会谈、家庭、亲友、社交等场景内最常见的对话内容，以场景中的对方如何发话为"问题"，以场景中的我方如何接话为"答案"，详细地列举出一般接话和高情商接话的内容差异。再通过对差异的分析，帮助读者认识和了解高情商接话的主要模式。

本书后半部分则对接话的具体方法进行分类，包括模糊接话、巧妙接话、联想接话、思辨接话、幽默接话和叙述接话六大类型的技巧，向读者揭示了遵循怎样的思路模式，即可在最短时间内应对常见对话，让读者更好地透过表面内容了解深层逻辑。

本书语言直白简洁，案例真实经典，涉及当代社会普通人所能接触到的绝大部分日常生活场景，能引发读者相见恨晚的共鸣感。书中介绍的方法与技巧以心理学为理论基础，经过巧妙加工，易学易懂。通过阅读和学习本书，读者的接话能力将会在原有基础上有较大提升。

穿越情商之门，塑造接话高手。在这条改变自我的道路上，本书愿成为你的前行陪伴，愿与你共同成长。

目　录

第一章　面试接话，推开面试官的心门

对方询问专业特长，如何接话最自信…………………… 2

对方夸耀实力，如何分享你的看法…………………… 3

对方谈到困难，如何表现事业心…………………… 4

对方施加压力，怎样表现抗压力…………………… 5

谈论团队情况时，巧妙接下协作话题…………………… 6

面对开放话题，如何积极融入…………………… 7

说到薪资，该怎样说好钱的话题…………………… 8

讨论年龄，你该如何塑造自我优势…………………… 9

侧面打听前单位，你该怎样说最好…………………… 10

探讨规划，精彩表达你的职业期待…………………… 11

第二章　职场接话，赢得同事的尊重

上司问是否适应工作，该如何表示…………………… 13

上司临时给你增加任务，该怎样回应…………………… 14

上司和你聊平级的八卦，你该如何接话·················· 15

上司让你"看着办"，你该如何巧妙地回答··············· 16

汇报时上司说到工作方法，你该怎么提建议·············· 17

同事怀疑上司的工作方法，该怎么平衡·················· 18

老同事突然说你还有待提高，你该怎样接话·············· 19

同事对应做工作态度不佳，该如何安抚················· 20

同事试探你能否违反流程，你该怎么拒绝··············· 21

同事说你运气特别好，你可以这样回复················· 22

第三章　会议接话，引领集体思维

上司突然让你介绍情况，你该怎样开始·················· 24

上司在会议上错误批评你，你该如何解释················ 25

上司认为可以散会了，你该怎样接话··················· 26

上司询问执行是否会有困难，你该怎样埋下伏笔·········· 27

上司让你表达看法，你该这样提出建议················· 28

参会者质疑你对工作的投入程度，你该怎样阐述·········· 29

参会者表示反对，你该如何解释······················· 30

参会者转移话题，你如何把话题拉回来················· 31

第四章　管理中的接话，凝聚下属的信任感

下属认为上司偏心，你可以这样解释…………………… 33

下属抱怨工作氛围变了，你不妨深入了解………………… 34

下属提出问题，你想要征询改进方案……………………… 35

下属提到过去的领导，你该怎样接住话茬儿……………… 36

下属说这不是我的问题，你可以这样接话………………… 37

下属说的业务理论很深奥，你该如何接过话题…………… 38

下属随口应付你的要求，你该如何扭转谈话气氛………… 39

下属过于频繁地请示你，你要怎样授权…………………… 40

下属想要将工作任务延后完成，你可以这样说…………… 41

下属表示不想更换职位，这样说更温暖人心……………… 42

第五章　商务场合接话，正面影响对手认知

客户透露抵达行程，你如何接话客套应付………………… 44

客户说项目多亏了你，你如何接话………………………… 45

客户打电话抱怨找不到你的上司，你如何巧妙解释……… 46

客户想要了解公司新闻，你如何正确接话………………… 47

客户谈到"二选一"的话题，你如何正确接话…………… 48

乙方谈到具体需求的话题，你如何正确接话……………… 49

对方想要讨论未来的合作稳定性，你如何正确接话……… 50

对方想要突破你方谈判底线，你如何正确接话…………… 51

对方想要打破谈判僵局时，你如何正确接话…………… 52

谈判时对方提到最明显的问题，你如何正确接话………… 53

第六章　友人间的接话，稳住友谊之舵

好友抱怨人际关系变复杂，你该如何应对……………… 55

好友说自己什么都没做好，如何宽慰他们……………… 56

好友提到你忘记的人或事，你该如何化解尴尬………… 57

朋友说你的选择不好，你该如何回答…………………… 58

朋友对你管这管那，你怎样说最得体…………………… 59

朋友说敢和你为某件事打赌，你应该如何接话………… 60

朋友说对亲密关系失去信心，你最好这样劝解………… 61

朋友打听社交圈子，你该如何介绍重点………………… 62

第七章　伴侣间的接话，升华爱意的温度

伴侣说工作压力大，你可以这样化解…………………… 64

伴侣问"你最喜欢我什么"，如何根据情况回应………… 65

伴侣说想要去旅游，你该怎么说………………………… 66

伴侣对身材自卑，你应如何接话………………………… 67

伴侣说担心孩子太累，你该怎样接话…………………… 68

伴侣说感觉无聊，积极鼓励其走出阴霾……………… 69

谈到钱的问题，围绕财务状态接话……………… 70

说到未来，用语言引导规划……………… 71

第八章 亲子间的接话，爱孩子就要好好聊天

孩子提出不合理要求时，你可以这样回答……………… 73

孩子说要按自己想法做决定，你如何接话……………… 74

当孩子抱怨时，你要这样回应……………… 75

当孩子有不同意见时，你该怎么处理分歧……………… 76

想知道孩子在学校的情况时，你可以这么问……………… 77

孩子遇到不懂的问题询问时，你可以这样引导……………… 78

孩子没有自信心，你要怎么鼓励……………… 79

孩子表现出紧张或者害怕的情绪，你要如何缓解………… 80

孩子做事磨蹭的时候，你要怎么改变局面……………… 81

想要读懂孩子说话背后的需求，你要这样接话…………… 82

第九章 家人间的接话，温馨时刻从一句话开始

父亲说"工作态度要积极"，你可以这样接话…………… 84

母亲说"担心你在外面工作"，你这样接话……………… 85

舅舅说"我买了款新手机"，你该怎么打开话题………… 86

外甥说"我一定能考上研究生"，你该怎么接话…………… 87

姐姐说"帮你存钱"，你应该怎么说……………………… 88

哥哥说"等你婚后就知道了"，你该这样接话…………… 89

婆婆说"做了你爱吃的菜"，这样接话最懂事…………… 90

老丈人说"年纪不饶人"，你可以这样安慰……………… 91

小姑子让你教她化妆，不妨如此接话…………………… 92

侄子说"实习的规矩太多"，你主动分享经验…………… 93

第十章　社交接话，分清场合再开口

聚会中合作方夸奖你，你该如何接话…………………… 95

有人请你帮忙，这样轻松接话题………………………… 96

活动后有人感谢你，如此表达最合理…………………… 97

公司聚餐领导说辛苦了，如何接话情商高……………… 98

客人为迟到道歉，可以这样接过话茬儿………………… 99

客人谈及出席人选，最合适的接话内容…………………100

第十一章　生活中的接话，陌生人秒变朋友

邻居询问最近忙啥呢，你应如此接话……………………102

店员说有最新推荐，顾客应答方式………………………103

游客说想在景点多玩会儿，导游的巧妙接话……………104

患者提不合理要求，医护的高情商拒绝·················105

面对金融产品推销，客户的最佳拒绝态度·················106

学员说自己太笨，教练这样安慰·················107

新同事向你问好，如何接话更好·················108

路人夸你的宠物可爱，这样接话最自然·················109

第十二章　含蓄的接话，引而不发是智慧

有人打听收入，含糊其词误导话题·················111

自己不了解的话题，偷换概念即可·················112

领导想要你表态，但你不愿意明说·················113

面对细节提问，假装忘记也是一招儿·················114

少用肯定词接话，让沟通留有余地·················115

不说具体原因，压缩对方追问空间·················116

用好反义词，让别人自行思考想象·················117

打个有趣的比方，在修辞中化解矛盾·················118

转移肯定点，对方领悟后有回味·················119

曲线批评，不伤面子达成效果·················120

第十三章　巧妙接话，再也不会冷场

开场白后，接过话题了解对方情绪·················122

传递意图时，重复接话的妙处·············123

棘手问题，别只会用"是吗"接话··········124

谈话僵局，用接话营造共鸣感···········125

不谈抽象意义，用细微感受接话·········126

避免误导他人，要在恰当时机做结论······127

面对老话题，用"聊习惯"提升温度········128

对方询问近况，用琐事填补冷场·········129

接住天气话题，让人人都能参与·········130

提问接话，集中注意力炒热气氛·········131

第十四章　用赞美接话，活跃对方情绪

陌生人自我介绍，赞美不露痕迹·········133

提及重要人物，顺势赞美来接话·········134

对方表现特长，用"美称"接话··········135

细致观察，赞美对方没注意的优点·······136

对方探询时，借中间人"自夸"··········137

先抑后扬，巧妙赞美的奥秘············138

话题姿态低调，用赞美凸显谦虚品质······139

气氛变得微妙，用赞美缓和矛盾·········140

新朋友初识，在介绍中赞美双方·········141

宾主寒暄，用赞美环境叩开心扉·········142

第十五章　联想接话，带着同理心去交流

体现责任，突出对方的称呼……………………………144

软化指正，用"设想这种情况"来接话………………145

描述期待，接话中邀请对方共设目标………………146

抓住热点，用新闻灌输有趣感………………………147

"摄影机"式接话，别让人总是在旁观 ……………148

展开想象的翅膀，将对方的成就放大描述…………149

带动想象力，从模棱两可接话开始…………………150

放飞话题，"看上去好像"的妙用……………………151

"我猜……"接话，让对手表现真实想法 …………152

想结束的话题，用"我不会这么想"来接……………153

第十六章　思辨接话，创造共同思考的机会

用求教姿态接话，没有人会拒绝………………………155

讨论是平等的，不妨直接提疑问………………………156

找对方最懂的话题，凸显共同点………………………157

谈论成功时，向对方学习经验…………………………158

谈论失败时，帮助对方思考收获………………………159

设置悬念，抓住听众的疑惑点…………………………160

预料之外的接话，别总按常理出牌……………………161

倒置思辨，先说结果再说原因…………………………………162

第十七章　叙述接话，人人都爱听故事

吸引全场，叙事化接过探询…………………………………164

引述见闻，"我的朋友"开场白………………………………165

随机接话，叙述被打断怎么办………………………………166

案例之道，用故事简化解释…………………………………167

利用对方的话语，借力开启叙事……………………………168

场景铺陈，围绕物品讲故事…………………………………169

突出细节，从时间地点入手…………………………………170

第十八章　接话禁忌，注意信息红绿灯

随意的话，不要认真接………………………………………172

玩笑的话，不要刻板接………………………………………173

客套的话，不要当真接………………………………………174

引用的话，不要随便接………………………………………175

道歉的话，不要立刻接………………………………………176

感谢的话，不要高调接………………………………………177

个别的话，不要代表群体接…………………………………178

第一章

面试接话，
推开面试官的心门

对方询问专业特长，如何接话最自信

当面试官问你"最擅长的是什么""最引以为豪的技能是什么"，你该怎么回答？

一般的接话：

我从小就对××领域感兴趣。在大学和工作期间，我展现了××方面的技能，获得了客户的认可，也和同事建立了融洽的工作关系。公司领导和客户对我在××方面的能力与特长给予了一致好评。

高情商接话：

上学时，我最引以为豪的就是运用自己的××技能，在1年内接到了几家公司的订单，而且全都顺利完成了。

在上一家公司，我在工作实践中积极摸索，充分锻炼了××、××技能，拿下了多个项目，为公司创造了××元的销售额。在此过程中虽然也失败过，但通过总结复盘，积极向公司高管学习，强化了自己的××意识，提升了相关经验。我相信自己的专业技能已经很成熟，能胜任这份工作。

当面试官问你的专业特长时，并非想听你用流水账陈述自己的独特之处，而是想通过评析你的专业特长，充分了解你可能带来的贡献。一般接话者平铺直叙地介绍特殊技能，无法突出亮点，也无法赢得对方的信任。高情商接话者善于突出重点，阐明自己一路走来如何提升专业特长、丰富技能经验，并且能为企业带来充足的收益。

对方夸耀实力，如何分享你的看法

面试时，面试官可能会有意无意地强调企业的规模、品牌、资源、竞争力等，然后再观察面试者的接话内容。常见的说法有"我们公司位居行业内上游""我们公司占据了市场竞争有利位置"等。

一般的接话：

是的，对于公司这些优势我早就有所了解，所以我非常期待加入贵司。如果我能进入贵司，我一定努力工作，让自己也变得更优秀。

高情商接话：

对贵司的概况、产品、服务，我做了深入的了解。尤其对我所应聘的工作岗位，我认为其在公司运行中发挥着重要作用。目前，贵司有着强大的职业团队，这一优势能够让公司超越竞争对手，获得市场好评。我相信，我的工作态度和能力也可以为这个团队增强力量，为企业作出更大的贡献。

面试官不会随便"吹嘘"，而是想通过"吹嘘"引出你的话题，分析你是否认真研究过应聘岗位。一般的接话者容易泛泛而谈，高情商接话者能够看透面试官的心理，直接将话题深入到应聘岗位上，展现自身对岗位价值的了解。

对方谈到困难，如何表现事业心

当面试官和你深入沟通时，很可能会如此表达："做我们这个行业很累""公司会经常加班""同事之间竞争激烈""客户要求很高""领导可能非常严厉"。他们这样说，究竟是什么意思？你又该如何接话呢？

一般的接话：

对于工作难度，我心里已经有预期了。我有很强的挑战愿望，能适应各种工作压力。我一定会努力学习、积极工作，克服困难，适应工作岗位的要求。

高情商接话：

面对困难和压力，我习惯先分析具体原因。如果是我个人的工作方法不当、效率不高，这样的困难可以通过合理安排时间、强化工作能力来解决。如果确实是市场、行业、企业的客观原因，我也会以良好的职业素养来面对，充分发挥自己的作用，和同事共同渡过难关。总之，我相信我的事业心能让我应对高强度工作。

面试官谈到困难，是为了观察你的事业心和分析能力，而并不一定真的是在和你讨论具体工作，毕竟你并未就职。一般的接话只是就事论事，高情商接话的亮点在于先分析困难产生的原因，让面试官看到你清晰的思维，最后以事业心结尾，体现你一以贯之的工作态度。

对方施加压力，怎样表现抗压力

随着面试沟通的深入，面试官有可能会突然"发难"。

例如，有的面试官会突然冒出来"你过去的业绩，在我们公司只能排中下游""你还年轻，经验不太丰富"之类的话。类似的话语看似是无心之言，实则是有意为之。

一般的接话：

我承认自己目前存在不足，但我也取得过优异的业绩，例如 ×× 项目。我加入贵司后，会进一步通过学习，迅速提高自己的业绩。

高情商接话：

感谢您如实相告，让我看到自身的差距。我相信既然自己通过了初试，在一定程度上公司是认可我的。但面试就是竞争，如果我确实和公司现有水平相差较大，我也能坦然接受失败，并通过面试查找自身的不足，针对这些不足进行提升。但我相信，总体而言，我适合这个岗位，在能力、经验、性格、价值观上都能创造出应有的业绩。

面试官故意施加压力，是为了观察你在压力面前保持冷静心态、从容应对的能力。一般的接话不能打动对方，高情商接话需要你客观合理地分析其动机，淡定理性地展示自己的心态。千万不要一时慌乱就随意接话，更不能表现出恼怒、羞愧、紧张等情绪。

谈论团队情况时，巧妙接下协作话题

在介绍企业或岗位情况时，面试官可能会谈论团队的情况，其表述方式是"我们公司的团队文化很强""我们在招聘人才时会看重团队协作意识"。当然，面试官也可能会抛出诱导性问题，如"你喜欢什么样的团队"等。

一般的接话：

我认为好的团队对内能相互支持，能努力实现共同的目标。我非常喜欢这样的团队，而且我相信自己在团队里能发挥重要作用，也能获得成长。

高情商接话：

我觉得自己作为企业的成员，并不能刻意挑选团队领导、成员，而且每家企业都有其特定的团队文化。我需要做的是先适应企业现有的文化，再使用所有可能的方法，让自己的到来进一步提升团队凝聚力，实现既定目标。我以前也有过融入陌生团队的经历，团队因为我的到来而更好地相互协作，大家一起克服困难实现了目标。

一般接话的回答内容更像是教科书上的答案，没有亮点。它说明了你对团队协作的应有理解，表达了你对优秀团队的喜爱，但实际上却暴露了自己对职场缺乏了解。在现实中，凝聚力非常强的团队本身就很难得，高情商的回答更多聚焦于你可以如何帮助企业打造这样的团队，从而体现你的协作能力。

面对开放话题，如何积极融入

面试时，你需要接住的大多都是封闭式话题，即围绕特定中心而展开的交流。但一些面试官会在快要结束时抛出开放话题，例如"咱们再聊点关于公司的事吧""你还有什么想知道的"等。

一般的接话：

我对公司了解得比较清楚，没有什么想知道的了。

（或者）公司的主营业务还有什么发展方向，如何提升行业地位。

（或者）我如果能加入公司，能得到的薪资待遇是多少，是不是要经常加班？

高情商接话：

我想了解公司为什么会对我面试的这个岗位进行人员招聘？

（或者）如果我能加入公司，我需要补充哪些能力素养，公司会怎样对我进行培训支持。

（或者）我希望了解这个职位将来发展前景是怎样的，要达成什么样的条件才能晋升。

当面对开放话题时，回答"没有什么想知道的"是最一般的接话，这意味着你对想要加入的公司并不是真正感兴趣。但如果询问企业战略、行业地位等话题，又会显得与应聘者角色不符合。此外，询问薪资待遇、加班这些问题，也并非最佳场合。反之，高情商者围绕岗位、工作、发展来接话，面试官会更愿意和你沟通。

说到薪资，该怎样说好钱的话题

寻找心仪的工作，薪资是必要条件。当面试官希望和你谈薪资时，基本上对你有了初步意向。此时，面试官会说"谈谈你的薪资期望"或者"你想要多少薪资"的话题。接好这个话题，你会更顺利地进入新公司。

一般的接话：

我对薪资的期待是 ××一×× 元。当然，我相信公司会根据我的价值来确定薪资。

高情商接话：

我相信贵司有很成熟的薪酬体系和福利待遇，我希望能在此了解一下。根据我对市场平均薪资的了解，加上我上一份工作的薪资数额是 ×× 元，我希望能在原有的基础上有适当的增长。我也会更加努力工作，为公司创造更多的价值。

提醒一般接话者，不要轻易将你对薪资的可接受区间说出来。如果报价太低，就暴露了自己的底线，导致长期利益受损。如果报价太高，就显得自己并不了解行情。高情商的接话方式是将问题抛回去，请对方向你介绍，如果面试官真的有诚意，就会向你透露薪资数额。此外你也可以如实相告之前的薪资数额，从而表明你对同行业薪资水平的了解程度。

讨论年龄，你该如何塑造自我优势

面试时，面试官并不只是和你讨论工作，从家庭背景、业余爱好、人生规划等入口展开话题，能够让他代表企业更好地了解你，也能让你更充分地展示自我。有时面试官也可能会和你讨论年龄，例如"你这个年纪，加班熬夜是不是会有点累"？

一般的接话：

我今年××岁。从行业平均年龄来看，我年纪也不算大，我相信自己和年轻人一样有拼搏精神。

高情商接话：

×年的从业经历让我有了丰富的工作经验，取得了优异的业绩。我最近×年内也没有结婚（生育）的打算，就算以后有，也不会因为家庭而影响工作。

如果面试官真的有意选择你，但强调年龄，无非是怀疑你的价值，或者担心你未来被家庭琐事分散精力。一般接话者并未洞察其背后的原因，只是片面强调自己不会比年轻人差，而高情商接话者看穿面试官背后的原因，更好地做出了保证。毕竟，人与人之间有时需要的就是一句承诺。

侧面打听前单位，你该怎样说最好

如果你之前有过从业经历，面试官很可能会在沟通中试图了解你对前单位的看法。例如"你之所以离职，是不是因为……""你之前工作的这家企业，规模并不小"等话题，借此判断你是否适合其提供的岗位。

一般的接话：

之前和领导、同事、下属相处得都很融洽，也为公司创造了一定价值。但由于我想要追求更好的发展，所以决定离开去更大的企业，寻找更适合自己的岗位。

高情商接话：

我在原公司做出了良好业绩，在一年内获得了××位客户，拿下了××份订单。但由于公司品牌、内部资源、预算、晋升、薪酬等方面的限制，无法让我发挥更大的能力、创造更多的价值。我希望能找到更适合我当下和未来的岗位作为职业舞台。

面试官了解前东家，并不是对那家公司有多好奇，而是想要知道你上一份工作做得怎么样，是因为能力或性格问题而跳槽，还是由于公司本身的薪酬、晋升体系有问题而跳槽。一般接话者仅仅粗略谈到了离职原因，而"追求更好的发展"的话语在任何情境下都适合。高情商接话者则精准回答了面试官的实际问题。

探讨规划，精彩表达你的职业期待

当面试官问"如果你入职我司，你会怎么规划自身的发展"，你该如何回答？

一般的接话：

我从小就喜欢这个专业。我会在工作中做到尽职尽责，争取能迅速熟悉工作环境，做好岗位工作，提高业务水平，成为公司的优秀员工。

高情商接话：

无论能否入职贵司，我希望在求职成功后的 5 年内做出下列成绩。

第一，我希望通过基础工作，在 1 年内全面了解本行业和市场。

第二，在做好基础工作的同时提高个人业务水平，我打算在 2 年内通过 × × 课程，获得 × × 认证。

第三，在 5 年内完成从负责具体执行的基层职位上升到管理（或研发）的职位。

无论如何，我都会努力将个人规划融入所在企业的整体战略规划中，以此促进自我提升。

一般接话者表达的内容比较宽泛、抽象，放在面试场合虽正确但并不精准。高情商接话者使用了与职位、企业相关的术语，设立了不同阶段的目标，加上了具体的时间期限，尤其强调"通过"何种手段"达成"何种目标。这样的接话，更容易让面试官确信你经过了深思熟虑。

第二章

职场接话，
赢得同事的尊重

上司问是否适应工作，该如何表示

职场交流中，第一印象非常重要。当你刚入职不久，上司在办公室、电梯口或者餐厅遇到你，随口问道："你是否适应新工作？""新岗位你能习惯吗？"此时，你能否巧妙接过话题，决定了你未来发展的高度。

一般的接话：

我挺适应的，感觉没什么困难。感谢领导的关心，我会把工作做得更好。

高情商接话：

我已经融入团队了。项目的制作方案、执行落地、反馈复盘等工作，我都跟着团队同事们一块儿做的，这些工作让我更熟悉岗位职责，和大家相处得也很好。

一般接话者的回答没有任何亮点，感觉只是敷衍了事。而高情商接话者则将领导随意寒暄的谈话层次加以升华。接话者通过融入团队、熟悉业务，从两个方面汇报了自己入职后的状态，让对话顺利进行，双方都感觉顺畅，也没有刻意表现自己的嫌疑。

上司临时给你增加任务，该怎样回应

当工作任务突然增加时，上司很可能会找自己比较信任的下属来应对。他们会说"你辛苦一下，加个班"或者"这件事非常紧急重要，我只能找你"，然后临时给你增加任务。

一般的接话：

好的，×总，我一定抓紧完成。

（或者）×总，我之前没有做过这种工作，不知道能不能做好。

高情商接话：

好的，×总，虽然我做这种工作的经验不是很丰富，但您交给我的事情我愿意试试。今晚我还有××、××几项工作需要加班，可以明天给您吗？如果我有不懂的地方，能向您或者××请教吗？

当领导临时给你增加任务时，拒绝是不明智的，但盲目接受也不合适。不同于一般接话者，高情商接话法就是既表示愿意接受，又表示存在困难，同时还应合理申请延长交付时间，并对可能出现的困难预留请教的机会。请教并非推卸责任，而是满足领导的知情权、决策权，同时也能体现出领导的工作经验和职场地位。

上司和你聊平级的八卦，你该如何接话

无论上司的级别有多高，偶尔也会"八卦"平级。当上司将你当成心腹后，很可能在茶余饭后的私密场合聊到其他部门的同级别领导。比如"那个部门经理×××，对下属很苛刻，听说有一次……"，这时你应该如何接话呢？

一般的接话：

还有这样的事情？我觉得他这样做真是不对，特别让人厌烦。要是您不说，我还真看不出来他是这样的人。

高情商接话：

好像我也听说过有这种情况。据说他对下属的要求确实很高。要是都像您对我们这样宽严有序，我觉得大家也不会传这些事情了。

上司突然和你聊"八卦"，其意义并不在于"八卦"本身，而是想通过这种方式培养上下级感情，让你知道自己受到他的认可。一般接话者没有察觉到上司的说话动机，反而关注"八卦"本身并进行评论，殊不知上司其实并未打算和你深入交流"八卦"。而高情商接话者理解了上司的说话动机，很好地接住了话题。

上司让你"看着办"，你该如何巧妙地回答

在职场中，经常会听到上司说"你看着办吧"这种话。这句话在不同的场合出现，有不同的寓意。有时，上司确实觉得这件事很小，无所谓你怎么办。有时则是上司有意考验，想看看你独当一面的能力。

一般的接话：
好的，那我一定尽快办好。

高情商接话：
好的，谢谢领导的信任，我肯定把这件事情办好。等我把初步方案制订出来以后，再向您汇报，您帮我把把关。

当上司让你"看着办"时，这其实是上司对你的信任和授权。一般接话者根本没有意识到让"自己看着办"的不同寓意，在未来的工作中很可能会独自承担所有责任。而高情商接话者既表达了对上司的感激，同时也充分表现出了自信，还留出了未来请示的空间。

汇报时上司说到工作方法，你该怎么提建议

在职场中，汇报是很关键的工作步骤。汇报不是单方面自下而上的阐述，在此过程中也有自上而下的了解询问。当你汇报工作时，上司经常会谈论起具体的工作方法。例如，"你们在做这个工作时，采取的方法可以创新一下"。

一般的接话：

好的，领导，关于这个工作，我认为可以采取如下的方法来解决问题。

高情商接话：

好的，领导，我对工作的 ×× 方面也有一些想法。产生这些想法的原因是 ××，利用我的想法，我觉得能起到 ×× 的作用。具体想法是这样的……

汇报工作需要占用领导和你的时间。尽管领导提到了对工作方法加以创新，但他并不一定有耐心或者认为有必要现在就听取你对工作方法的介绍。一般接话者的回答难以产生足够吸引力，有可能会被领导打断。高情商接话法将"原因"和"作用"放在最前面介绍，领导可以立刻明白重点，即便随后被打断，也会留下比较深刻的印象。

同事怀疑上司的工作方法，该怎么平衡

面对困难工作，上司可能会对工作方法加以创新，以此提高解决问题的效率。当同事之间聊到工作时，有人突然对你说："这些新方法到底有没有效果，我怎么感觉怪怪的。"

一般的接话：

我觉得应该是有效果的吧，不然领导也不会这样布置了。我们还是好好听话继续做吧。

高情商接话：

按我的经验，新方法执行起来确实有点儿难度。但现在的工作已经进入瓶颈期了，如果还使用老方法就会影响工作的进展，到时候大家都得不偿失，我认为有必要尝试一些与以往不同的方法。

同事怀疑新的工作方法，自然有其合理之处，但当他抛出话题后，你就面临两难选择：如果明确支持同事，就是在怀疑上司。如果明确反驳，就有奉承上司的嫌疑，如果日后工作上出现问题，你就会成为同事的"替罪羊"。高情商接话法先赞同对方观点的合理性，再强调现实困难，最终在同事、上司之间寻求共同点，是一种高明的平衡话术。

老同事突然说你还有待提高，你该怎样接话

在职场上，如果突然碰到老同事当众说你还有待提高的情况，正确的应对方式不是心虚地询问，更不能直接反驳，而是要按照职场规则接过话题。如此，你不仅能得到其他人的认可，也会减少类似突然事件发生的可能。

一般的接话：

我觉得自己非常适合这个岗位，也希望您能把看法说清楚一点。

高情商接话：

是的，提高自身工作能力，是每个员工的职责，也是我的责任。如果您认为我在哪方面需要提高，请具体向我指出来。这样我能进步，整个团队也能从中受益。

在职场上，做情绪稳定的人非常重要。这能让你获得更多的信任，也能让你从容应对各种话题，尽量抓住沟通的主动权。以上述情境为例，一般的接话者似乎是被老同事的话点燃了心中的小火苗，立即将话题接到自己身上。而高情商接话者以退为进，先是认可对方的说法，随后同时强调了员工职责、团队利益，也为双方下一步沟通留出合理空间。

同事对应做工作态度不佳，该如何安抚

职场上，很少有人能单打独斗赢得胜利，大多数工作都需要团队配合。但每个人的抗压能力、意志品质是不同的，可能你觉得胜利在望时，同事却已经提不起精神了。他们此时可能会说："真干不下去了！""还有多久才能完工啊？"，等等。

一般的接话：

干吧，再不干客户又要找领导了。没办法，谁让我们就是干这种事情的人呢？

高情商接话：

是呀，我也感觉有点儿累，最近我们确实太忙了。不过，这件事的成败决定着大家的考核奖金，要不咱们再坚持坚持，争取拿出好结果。

同事在你面前表现出负面情绪，很可能是因为他将你看成平级，才会显得随便。如果采用一般接话法，拿客户或者领导来压对方，你在团队里就会显得格格不入。高情商接话者先表示理解和共情，再谈到大家的切实利益，最后建议应有的态度和做法，这样同事才能平和接受。

同事试探你能否违反流程，你该怎么拒绝

行走职场，谁都需要认识几个关系不错的同事，但他们往往有可能带来麻烦。当有同事想要违反流程，利用你的权限"行方便"时，他们可能会这样暗示："这个流程麻烦死了，客户都等不及了，也不知道谁能帮帮我。"

一般的接话：

那可没人敢帮你，这属于违规操作，谁被发现谁就得负责。

高情商接话：

这个流程确实有点不近人情。本来我的权限能给你走走后门，可是昨天我们部门老大专门开了会，重点强调了操作规范性，还说了要是谁违规就得对全部门被扣分这件事负责，我实在不敢得罪所有人。

接住同事的试探，要先从接住对方的情绪开始。高情商接话者先运用同理心，认可流程的不合理性。随后再表示双方关系可以"开后门"。最后重点强调"开后门"带来的影响是难以承受的。这样，在不伤感情的同时同事也能接受你的拒绝。相比之下，一般的接话则显得冷冰冰，虽然正确但容易伤感情。

同事说你运气特别好，你可以这样回复

职场是谋生场，也是竞争场，如果处理不好矛盾，有可能会变成你的是非场。当你工作业绩不佳时，或许会有人嘲笑你。但当你工作业绩出色时，也可能会有同事带着几分羡慕甚至嫉妒，直截了当地说："你运气真好，成单的都是大客户。"

一般的接话：

这和运气没什么关系，我是经常加班努力，才取得了这样的成绩。

高情商接话：

我也觉得自己运气好，进入了一个好的工作平台，拥有了不一样的领导和同事，让我有了很大的进步空间。我觉得只要好好珍惜当下的工作，自己就能有变化。

同事如果是私下夸你运气好，可能还有几分真心。但如果是当众夸你，无疑是带有挑衅意味的，想要否定你的付出。面对这种言行，如果采用一般接话方式，容易让谈话陷入冷场，影响其他处于中间立场的同事对你的看法。采用高情商接话方式，既夸奖了所有同事，承认了平台的作用，也体现了自信。

会议接话，
引领集体思维

上司突然让你介绍情况，你该怎样开始

在会议上，上司在事先没有跟你打招呼的前提下，突然要求你代表部门、团队发言介绍情况。上司通常会这样发话："请 ×× 介绍一下 ×× 项目的情况。"

一般的接话：

好的。下面我简单汇报一下 ×× 项目目前的进展和现在存在的困难。

高情商接话：

好的。×× 项目开始于 ×× 月，地点位于 ××，客户是 ×× 公司。这个项目在我司今年的战略计划中有着非常重要的位置，目前有几处困难需要请示今天参会的 ××、××、×× 部门的领导。

大多数会议的目的是揭示问题、寻找方法。高情商接话者以时间、地点、对象作为接话初始部分，并指出项目的价值，最后明确项目与哪些具体参会者有关。这样的接话能吸引全场的注意力。比一般接话者的开场白要更高效、更明确，也更能体现接话者思考的成熟度。

上司在会议上错误批评你，你该如何解释

在会议上，被上司批评的滋味不好受，如果是被错怪，就更不好受了。由于会议的严肃性，上司一定会板着脸说："到底怎么回事？你们部门的数据肯定是搞错了，散会后立刻重新核对一下，这种错误下次不要再犯了！"但实际上，数据是完全正确的，此时该如何接话呢？

一般的接话：

领导，我们部门的数据是正确的，我们反复核对了，是××部门报告里写错了。

高情商接话：

领导，开会前我和财务进行了核对，数据没有错。不过，这次数据之所以和预期相差较大，是因为银行那边确认的流程问题没有落实，所以导致××部门误认为数据偏低。这些金额我们会累计到下个周期，请您放心。

一般接话方式直接和上司站在对立面，辩解数据没有错。这种接话不仅让对方下不来台，还得罪了××部门。高情商接话者并不认同错误，但也没有强调领导和××部门弄错了，而是从客观事实出发陈述情况，并提供了解决方案。

上司认为可以散会了，你该怎样接话

在上司出席但并非核心的会议上，如果你是主持者，或者代表会议核心部门，可能会在会议进入尾声时听到上司这样对你说："我看今天的会议开得很好，大家回去就能找准方向，立刻执行起来了！"

一般的接话：

是的。时间也差不多了，如果大家没有其他问题，我们今天的讨论就到这里。谁还有什么问题吗？如果没有就散会了。

高情商接话：

感谢 × 总参加这次会议。今天请大家来讨论这个事情，××、×× 提出的建议让我印象深刻，相信其他人的发言对我们彼此的工作也很有帮助。我想今天散会回去以后，大家都可以再总结一下，在明天下班之前如果有新的想法欢迎再来交流，如果没有就可以着手开始了。

采用一般接话方式来结束会议，存在较为明显的缺陷。这种接话方式会让人觉得你只是在机械地完成分内工作，而且并不重视会议。当领导和参会者离开会场时，会感到收获乏善可陈。采用高情商接话方式，能在很短的时间内对会议进行归纳总结，既感谢了领导参与，也复述了成果，还布置了后续工作。

上司询问执行是否会有困难，你该怎样埋下伏笔

在会议的工作布置环节中，上司会对工作任务进行分解，并把分解的任务落实到不同的参会者身上，再了解情况、听取反馈。因此，当该环节进入尾声时，你可能会听到上司这样说："你们部门的工作执行起来有哪些困难？"

一般的接话：

这次工作对技术要求很高，我们部门在技术方面力量不足，可能会遇到比较大的困难。

高情商接话：

我们团队在技术运用方面的经验不足，但我还是会带着大家全力以赴。在具体执行过程中，技术人员力量可能会比较薄弱，如果从 ×× 部门协调，借调两三个业务人员，那我们的困难就比较小了。

采用一般方式接话，看似回答了上司对执行困难的疑惑，实际上却没有解决困难产生的来源、解决方式等问题。在会议上，上司问你有什么困难，实际上是希望你说出具体的需求。高情商接话方式明确表达了自己需要什么，让会议接话变得高效而有益。

上司让你表达看法，你该这样提出建议

领导们的发言当然会存在一些疏漏，正因如此才需要你提出建议。但如果直接说支持谁、补充谁，就会让被补充的领导失去面子。如果说没有建议，又会让人觉得你是在敷衍了事，也体现不出你的个人能力。高情商接话法先肯定自己的收获，再从基层角度提出风险和对应的解决方法，这样的建议让会议成果显得更全面，也让领导感觉舒畅，是双赢的接话方式。

如果是很多领导开会，你作为普通员工参会。你主要的角色是备询者，即在必要情况下提供建议的人。当领导们相互交流完毕，会有人提出请你表达看法、提出建议。他们会说："×× 部门在这个项目中发挥了比较重要的作用。我们也请他们的参会代表说几句，看看能不能提出有价值的建议。"

一般的接话：

刚才我一直在学习各位领导的看法和建议，感觉受益良多。我比较同意 ×× 领导的看法，我认为……

高情商接话：

今天我学习了各位领导的指示精神，我会把自己的收获向本部门领导汇报，让工作更加完善。关于建议，我刚才考虑到项目推进过程中还会有一些风险点，这些是我们在实际工作中经常会遇到的，我觉得需要在后续执行时加以预防。

参会者质疑你对工作的投入程度，你该怎样阐述

会议既是上司布置工作的场合，也是部门或成员之间公开沟通的机会。在会议上，可能会遇到他人对你工作投入程度的质疑。

例如，"我们希望你的部门能投入更多人员到这个项目中，目前这种人员配备的程度，我们感觉是不够的。如果能够多投入一些人员，效果就能比现在更好。"

一般的接话：

我不认同您的意见。我们部门对这种项目有丰富的经验，投入更多人效果也不见得更好。

高情商接话：

您认为目前我们部门投入人员不多，但这个结论是否有过往的数据支撑呢？您是怎么得到这个结论的呢？根据我们的统计，在类似的项目中，我们投入的平均人员数量是××，同样取得了良好的效果。

在公开讨论过程中，动辄和同事看法相悖并不合适，不仅容易影响会议进程，还会增加矛盾，引发误解。一般接话法没有注意合适的反击方式，显得过于直接。而高情商接话法则先复述对方观点，再进一步了解结论来源，并抛出本方的论证过程，显得合情合理。

参会者表示反对，你该如何解释

有人反对你，你也用同样的态度对待他，如果会议这样开下去就会变成辩论会，这是领导所无法容忍的。因此，一般接话的方式并不稳妥，还容易把自己拉入一场"消耗战"，或者让领导感觉你们是在相互推诿。高情商接话者先肯定了对方观点的合理性，再说明自己是全面思考后才提出的新想法，最后请在座所有人探讨，这样无论是对方、他人还是领导，都更容易接受。

如果是范围较大、层级较高的会议，不同参会人代表各自部门的利益，很可能会出现矛盾公开化的场景。

例如，当你代表本部门提出某项方案后，另一个部门的代表者明确表示反对说："我认为这样不妥，实际上这个问题应该从××角度出发，才符合公司的整体利益。"

一般的接话：

对不起，你的意见我们不能接受。我觉得还是应该从××角度出发来看待这个问题，请领导定夺。

高情商接话：

从工作岗位的角度来看，你的这个观点比较切合实际岗位的需求，这是我们之前没有想到的。这个观点给了我很大的启发，我还有几点想法，想说出来与大家一起探讨。

参会者转移话题，你如何把话题拉回来

如果是你主持会议，应当把握会议方向，避免出现偏离主题的情形。否则，整个会议就会逐渐演变成聊天会，看似讨论激烈，实际上却无法真正解决问题。尤其是在本部门的内部会议上，可能会听到这样的话："我看啊，问题还是在公司领导层，领导不考虑这些事，我们再讨论也是白搭……"

一般的接话：

领导是领导，我们今天开的又不是给领导提建议的会，我们这是内部会议，还是要说正事的。

高情商接话：

你说得也有道理，下次我们召开这种会议时，我先去打个报告，看看能不能请领导来旁听或者参加讨论。不过现在需要解决眼前的问题，如果今天讨论不出一个方案，那明天我们又得加班了。

当话题出现扯远迹象时，会议主持者需要对扯远者的动机进行分析。如果他并非刻意为之，而是出于对话题关心导致思维发散，就应该巧妙地用高情商方式加以拉回。此时，并不适合立刻严肃批评或者用很正式的语言提醒，可以用幽默的方式，或者用以退为进的方式安抚对方，这样就能轻松顺利地重新凝聚所有人的注意力。

第四章

管理中的接话，凝聚下属的信任感

下属认为上司偏心，你可以这样解释

你和下属之间的关系很不错，团队里，某些下属对上司有些看法，希望你能和他们站在一起。下属可能会当着你的面说："公司领导对我们这个团队不够重视，他们太偏心了。"

一般的接话：

那我也没有办法，人都是有感情的。如果大家一起努力，拿到好的成绩，公司领导就会重视我们了。

高情商接话：

公司发展到现在有 ×× 年了，我们这个团队成立刚 × 年，还比较年轻，需要时间证明自己。

对了，上次那个项目取得成功，× 总是第一个为我们申请奖励的。

下属之所以认为上司偏心，是因为他的观察角度有限，所获得的信息自然有偏差。一般接话法等于完全默认他说的都是事实，并将上司偏心归因于团队成员还不够努力，这样的表述会让下属感到更不公平，容易影响团队工作氛围。高情商接话法则提供给下属更多观察视角，并引入新的事实，证明上司并非完全偏心。

下属抱怨工作氛围变了，你不妨深入了解

团队的发展不可能总是一帆风顺，有时也会遭遇内部矛盾，产生各种问题。一些较为敏感的下属，可能会观察到你作为管理者并不关注的信息。尤其当下属说："我感觉团队现在的工作氛围变了，没有以前那么融洽了。"此时如果你能正确接话，深入了解情况，就能改善这种状况。

一般的接话：

没有啊，我感觉氛围还是不错的。会不会是你太敏感了？

（或者）你是不是对谁有看法？或者是哪件事引起的误会？

高情商接话：

是吗？最近我一直在忙 × × 方面的事情，对团队工作氛围没有你观察得仔细。既然你有这种感觉，可以和我详细说说是什么事吗？

下属提出工作氛围有变化时，如果管理者立刻加以否认，就会让下属三缄其口。但管理者如果立刻联想到某个人、某件事，又可能先入为主，让下属不知如何开口。高情商接话者先承认下属敏锐的观察力，然后采用开放式提问来接话，就能自然而然地了解下属的想法。

下属提出问题，你想要征询改进方案

作为团队的领导者，你不可能直接负责所有工作业务，也不可能是所有问题的第一发现者。利用和下属征求意见的机会，不仅能分享下属的直接工作经验，了解存在的问题，还能进一步启发他们深入思考，寻找解决问题的方法。当下属说"最近感觉工作中总是碰到麻烦"时，接话机会就出现了。

一般的接话：

不能只发现问题，有没有想过如何解决呢？如果能找到办法就好了。

高情商接话：

我也有这方面的感觉，在这方面，你是咱们团队的专家。你感觉这些问题产生的最关键原因是什么呢？哪些和咱们团队有直接关系？

下属提出工作中有问题，是希望得到你的肯定和帮助，而不是希望听到你泛泛而谈的方法论。一般接话者以教导的口气，要求对方多想办法，下属会觉得你是在"甩锅"。高情商接话者先加以肯定，再以探讨的语气从团队内部最关键原因开始接话，就能引导下属的思路，帮助他们制定改进方案。

下属提到过去的领导，你该怎样接住话茬儿

当你职场升迁，接手管理新的团队，可能会遇到这样的下属：他们资历较深，在团队内有一定的影响力和号召力，他们还会有意无意地提到前任领导，暗示你应该继续保持前任领导的工作方式。为此他们会这样说："之前的经理在处理这些事情时，通常都是这样做的。"如果你想对工作方式做出改变，你该如何在不伤面子的情况下继续坚持自己的方案呢？

一般的接话：

对不起，之前的经理已经不在了，现在我是负责人，我觉得应该有所改变。否则，我们这个团队的业绩如何提高呢？

高情商接话：

之前和 ×× 经理交接工作的时候，我和他讨论过这个问题。他的做法在当时环境下是很有道理的。不过，市场总是变化的，我们都要改变。为了团队长久的发展，希望大家还是坚持我的方案，做出新的成绩。

下属提到过去的领导，并不一定是在比较，也可能是习惯心理。高情商接话的重点在于破除其习惯，包括陈述交接工作的事实、分析改变的必要性、设想前任领导的应对方式、提出核心要求等。

下属说这不是我的问题，你可以这样接话

由于性格原因，一些下属不愿面对自身的错误。一出现问题，就将责任推卸给其他人，试图以此掩饰自己的过错。他们经常这样说："领导，这不是我的问题，明明我已经做过了……"

一般的接话：

结果说明一切。这件事我就是交给你办的，现在客户找我要结果。我也不能听你说是谁的问题就去找谁啊。

高情商接话：

虽然你做过了，但不代表在客户眼里就合适了。如果一遍就能做好，那客户就不用找我们了。现在我们并不讨论是谁的问题，而是要请你作为项目的具体执行人，集中力量推进问题的解决，并实现预期的结果。

对于下属推卸责任的表述，管理者无需大惊小怪。如果管理者抓住下属推卸责任的苗头加以批评，下属就会更不愿意承担责任。高情商的管理者会平静地接话，帮助下属消除心理负担，看清当下重点并不是区分责任，而是如何解决问题。

下属说的业务理论很深奥，你该如何接过话题

面对下属带有"炫耀"意味的发言，管理者不必凸显其中问题，即不需要围绕理论是否复杂、表达是否适当的论点加以展开。高情商接话法先是满足对方情绪需要，肯定其理论造诣。随后再用示弱方式和请教口吻，让对方予以通俗的解释，暗示其刚才的说法过于复杂。

在一些情况下，管理者并非处处都强于下属。尤其在当代的社会组织里，下属由于潜心某个岗位，在特定业务领域范围内强于管理者的事例屡见不鲜。当下属说出一段听起来很深奥的业务理论后，他可能如此结尾："这种专业知识有一定的门槛，解释起来也比较费劲。"这时你该如何接话呢？

一般的接话：

你说得太复杂了，能不能说简单点。毕竟我们大家都有各自的本职工作，听不懂会影响我们后面的沟通。

高情商接话：

×工，你在这个岗位工作多年，理论造诣真是炉火纯青。我们在座的几位，都不是研究这个专业的，有些部分我就没有听懂。现在我想问你几个关键问题，请你尽量通俗地指点一下怎么样？

下属随口应付你的要求，你该如何扭转谈话气氛

在团队内部的讨论中，管理者经常需要向下属讲解当前项目的进度情况、布置相关工作，这也是管理者对下属员工的必要教学过程。但在不少场景中，有些下属急于结束讨论，开始自己的工作，于是就会随口应付你提出的观点："领导您说得特别对""对对，我也学到很多东西。"你该怎么回答？

一般的接话：

是吗？你们听懂了就好，那就赶紧按照我说的做吧。

高情商接话：

工作沟通不能总是单方面的，我也想听听你的想法，我说的哪部分最关键，哪部分你觉得做起来有困难？另外，你觉得下次我们讨论的时候，应该围绕哪部分开始呢？

一般接话法看似提出了要求，其实等于什么也没说，并未发挥应有的作用。而高情商接话法，以提问的形式开展讨论，能够帮助下属认真聆听和回顾所讲解的要点，并启发他们对知识要点进行分析讨论，帮助下属加深记忆，以便把要点运用到实际工作中。

下属过于频繁地请示你，你要怎样授权

能力越强的团队领导，越容易得到下属的信赖，但这也容易导致下属过度"依赖"管理者，凡事都希望有你的"保驾护航"才敢行动。尤其当下属资历浅、能力不足时，他们为了规避责任，会将自己在工作中需要解决的问题放到你的面前，希望能够得到详细明确的指示再开始工作。此时，下属会说："这件事情还是有困难，我想这样做，您看行不行？"

一般接话方式过于直接地拒绝了下属，既伤害对方的自尊心，又会导致他们下次真正面临问题时反而不愿提问，无论从短期还是长期、个体还是集体的角度来看，都不利于团队的发展。高情商接话方式先是向下属提供可以参照的案例，并暗示自己之前曾经解释过类似的问题，作为下属应该记住相关原则并灵活运用。最后还使用了幽默方式，表明自己也有本职工作，不可能总是包办代替。

一般的接话：

不要凡事都来问我，团队又不是我一个人的，如果什么事都让我做决定，那公司要你们干什么呢？

高情商接话：

关于这类事情的处理原则，我在前几次会议上布置过，可以查查你们的会议记录。此外，也可以参考过去类似的那几个项目处理。如果我总是教你们，那其他人可要怪我偏心了。

下属想要将工作任务延后完成，你可以这样说

当下属手头的工作任务比较多而无法一一兼顾时，他们可能会根据自己的好恶来决定工作顺序。

例如，当手头有份比较复杂的报告需要完成时，他们会说："我想先把这份报告放一放，它太难了，我先做别的事情吧。"但是，实际上报告更加紧迫，需要尽快完成。

一般的接话：

那不行，这份报告领导在催，必须尽快完成。你要在明天下午五点前交给我，不然整个部门都会有麻烦。

高情商接话：

公司很重视这个项目，它牵涉重要客户明年的战略部署。所以 × 总特别交代了，希望在明天看到这份报告。你最好明天给我，这样我们明晚就不用加班了。你看怎么样？

如果下属想要放一放的工作任务确实很紧迫，你应该向下属说明为什么这件事非常重要，包括究竟是谁希望看到任务结果，以及围绕这些结果会做出哪些重要的决定。这些表述都可以采用高情商接话的方式传递要求。反之，如果采用一般接话方式，就会显得管理者是在颐指气使，反而导致下属失去进一步努力的意愿，即便答应完成，也会采用敷衍了事的态度。

下属表示不想更换职位，这样说更温暖人心

在和下属说话时，管理者应留有余地，用更加温暖的说法打动他们。

例如，公司高层已经决定调动下属的职位，并要求你作为管理者前去通知他们。此时，下属会说："我不想调到那个岗位，现在这个职位我干得挺不错的，业绩也不差，同事相处也好。那个岗位没有这么融洽的合作氛围。"

一般的接话：

现在的职位你确实干得不错，但再好也要听公司的啊。我们都是公司的员工，如果大家都不服从公司的安排，那以后谁还会好好工作呢？

高情商接话：

你的情况我已经和领导汇报了。总监就是觉得你在现有职位上做得不错，才觉得新岗位能够为你提供更好的发展。新岗位如果没有挑战，怎么能体现你的能力，让你在高管层那里更出众呢？而且，新的工作和以前性质差不多，主要是换一个头衔，我也会一如既往地支持你。

如果生硬地告诉下属，职位调动是公司安排的工作任务，只有接受的可能，没有讨价还价的余地，那么下属就会觉得对原有工作的情感被伤害了，对你的信任也分文不值。相反，花费一点时间思考，让话语变得更温暖，就能减少下属负面情绪的影响，让他们更加感谢你的付出，也明白你的良苦用心。

商务场合接话，正面影响对手认知

客户透露抵达行程，你如何接话客套应付

客户来到你所在的城市，接机、接站的决定取决于多个因素，包括工作日程、客户排名、上司的意图等。对于某些客户，你并没有前往迎接的打算，但客户依然会提前透露自己抵达目的地的时间和方式。他们可能会说："你好，我会于 × 月 × 日乘坐 × 航班抵达你那里。"

一般的接话：

本来想去接机，但是手头工作太忙走不开，要不我给您叫辆车？

高情商接话：

您的航班是在 ×× 机场降落吧？我从公司开完会出发过去要 1.5 小时，要不您登机前告诉我，我提前请假，根据您落地时间出发过去接您。

客户很可能原本就做好了你不去接机的准备。但如果采用一般接话法，客户就会感觉你缺乏诚意，为不去接机刻意寻找借口。而高情商接话法是向客户透露你的时间紧张，过去路途也比较远，大多数客户必然会主动提出不需要你接机。即便最终还是需要你接机，但你的付出也会得到对方的认可。

客户说项目多亏了你，你如何接话

在商务洽谈场合，客户在上司和同事面前夸赞你的表现。客户如此说："多亏了你，这次项目才如此顺利。"

一般的接话：

感谢公司的培养、您的信任，我还要继续努力，争取做好这次工作。

高情商接话：

谢谢夸奖，领导将这么重要的项目交给我，我肯定会充分发挥能力，我将和同事们一起把工作做得更好，打造出精品。

客户当着所有人的面夸赞你，本意是在表达意愿：希望其他人都能像你这样投入工作、创造业绩。在这样的场景下，一般接话者仅仅是表达了感谢，却没有接住深层意图。高情商接话者稳稳接过夸赞，进一步突出了本方领导、同事的作用，既表达了感谢，也传递出代表集体表态的意味。

客户打电话抱怨找不到你的上司，你如何巧妙解释

在商务往来中，与客户之间的电话交流沟通必不可少。

例如，当你的上司正在忙碌，客户领导突然给你打电话，并抱怨："我一直在打电话给 × 总，可是打不通，只能打给你。关于 ××× 问题，你们打算怎么解决？"

一般的接话：

对不起，× 总不在。他正在开会，不能接电话。

高情商接话：

真抱歉，× 总正在董事长那里开会，1 小时左右能回来。他回来第一时间就会给您打电话，那个问题我们已经仔细研究了，他会给您详细的解答。

你在接电话的一刹那是否考虑到了对方的情绪？如果你没有考虑到，就很可能采用一般接话法，这种说法就意味着开会或者其他正在忙的事情更重要，而客户相对不重要。

高情商接话法强调了是在董事长那里开会，显然是一场最高规格的会议，客户对此也能坦然接受。此外，接话者还提前告知了回复时间，并强调已经研究了相关问题，满足了客户的心理需求。

客户想要了解公司新闻，你如何正确接话

如果是比较熟悉的客户，在闲聊中可能会表现出比较关心公司的新闻，包括人事任免、产品更新、项目进度等。这些新闻可能与他们的利益并没有实际关系，但却会影响他们对公司的评价。

例如，客户可能会对你说："我听说，你们副总 × 总要走了，总部想要提拔他。"

一般的接话：

是吗，有这个情况？我一点儿都不清楚。

高情商接话：

您的消息真灵通，不过我们这些局内人，反而一点儿都没听说过。说起 × 总，他这次引进的生产线，使用了德国技术，在国内是最先进的。我们向您公司推荐的产品，就是这条生产线制造的，您现在使用感觉怎么样？

客户想谈公司新闻，如果你闭口不提，很容易被对方认为是在"装傻"，继而拉远双方心理距离。但如果你谈起来没完，又会导致过多泄露内部情况。正确的接话方式是夸赞对方，再表示自己所知有限，最后将话题转移到业务领域或者其他无关紧要的事情。

客户谈到"二选一"的话题，你如何正确接话

在和上司、同事、客户代表等多人沟通时，客户可能会提出"二选一"的话题，想要引导你用"是"或者"否"来回答。这样的话题，往往是对接话者的考验。

例如，客户会当着上司的面对你说："我了解过，你们产品的性能是不错，但和另一款产品的性能相比，还存在 ××× 方面的劣势。你认为是不是这样呢？"

一般的接话：

对不起，关于产品这方面的特性，我还是不太懂。

高情商接话：

您说的那家产品比我们推出得早，我们在推出这款产品时，对市场做过调研，也对它进行了了解。我觉得，我们是针对它在使用过程中暴露的一些空白需求进行了有效补充，因此两者定位是不同的。

当客户提出"二选一"的问题时，很可能属于诱导。如果你回答"是"，等于承认了产品不行。如果你回答"否"，那么客户就会以此前准备好的数据、事实来加以反驳，谈话就会朝着浪费时间的状况发展。

高情商接话法规避了"是"或"否"的问题，而是强调两种产品满足需求是不同的，不应简单加以对比，很巧妙地避开了客户设计的陷阱。

乙方谈到具体需求的话题，你如何正确接话

在商务谈判场合，随着话题的深入，乙方会迫切地希望了解你方的实际需求，从而制定相应的营销策略。

例如，乙方可能会在谈判桌上说："据我了解，贵公司明年就要上一个大项目，这个项目非常需要我们提供的 ×× 型原材料，这种原材料非常符合项目标准要求。"

一般的接话：

您的原材料确实不错，但其他家的原材料也能达到这个要求。

高情商接话：

您说的这个项目，如果按传统设计方式，对原材料标准要求确实比较高。但我们也在和客户谈判中，有可能采取更改项目设计思路的办法，这样就能有效地扩大原材料的选择范围。当然，如果各方面条件合适，我们也会侧重于考虑传统设计方式。

当乙方谈到具体需求时，其实也暴露了他们想要尽快摸清你方的动向。此时如果采用一般方式接话，就很可能过早地让对方看穿。在案例中，与其就原材料究竟是否符合标准要求的话题展开后续沟通，不如跳出卖家预设的思维框架，谈更大的可能，坐等时机进一步成熟。

对方想要讨论未来的合作稳定性，你如何正确接话

在商务合作中，甲乙双方彼此选择、更换的事情很正常。在谈判中，如果潜在合作方开始将话题导向讨论未来合作的稳定性，说明其希望得到一定的承诺。

当对方说："看资料，贵公司已经在过去三年更换了两家供应商，我感觉贵公司在这方面要求很严格。"

一般的接话：

严格是必须的，但我们也并不算挑剔，更换供应商是他们本身的问题。

高情商接话：

每家公司都需要供应商，也都想要稳定的供应商。如果能满足我们双方的条件，形成稳定的双赢局面，那肯定是最好的。这也是我们公司总经理多次在会议上强调的。

对方希望建立稳定关系，才会讨论过去更换供应商的话题。如果就事论事，解释为什么更换供应商，对方可能还是会认为你们很挑剔。高情商接话则用公司总经理的名义背书，强调未来关系稳定的重要性，建立了良好的谈判气氛。

对方想要突破你方谈判底线，你如何正确接话

在商务谈判中，双方围绕价格、数量、时间、规模等具体条件进行讨价还价是常见的情境。有时，对方会利用现有优势，尝试突破你方谈判底线。

例如，客户会说："这次我们采购的数量比以前都大，你作为销售代表，如果给我们 20% 的折扣，就可以成交。"这个折扣你不可能拿到，但你又不想失去客户，你该如何接话呢？

一般的接话：

这么大的折扣，估计很困难，以前从来没有给过，再说我们领导也不会同意的。

高情商接话：

对不起，这个折扣我真的拿不到，就算采购数量很大我也帮不上忙。因为就算我和我的领导同意，公司制定的营销战略规则也不会同意。不过，我可以在价格折扣之外向您提供力所能及的新优惠。

在谈判接话中，必须有底线意识。当谈判中对方试图突破底线时，一定要用高情商接话来"鸣金收兵"，以公司高层、战略规则、制度流程等说法，暗示没有讨价还价的可能。为了留住客户进一步谈判，可以明确提出在底线之外的领域提供新优惠。

对方想要打破谈判僵局时，你如何正确接话

有经验的商务人士不会过多担心谈判僵局，只要双方妥善处理僵局，就可能意味着突破瓶颈，发现新的合作空间。当谈判陷入僵局时，对方有可能想要率先打破尴尬，他们会说："您看，我们是不是应该先解决价格问题，然后再谈下一步的合作方式。"

一般的接话：

您刚才说的那个折扣不行，要不要考虑一下我这边提出的方案呢？

高情商接话：

是的，采购方肯定希望找到最好的供货商，销售方也希望能拥有稳定的大客户。我们有共同的目标，一是要长期合作，二是要质量靠谱，三是要价格适当。我觉得还是可以围绕产品的特点、后续的服务等方面，再考虑一下价格的空间。

当谈判陷入僵局时，要尽量减少用"你、我、他"这样的主语称谓来接话。一般接话者采用这种方式，很容易让对方产生对立情绪，使谈判进一步陷入僵局。采用高情商接话，强调"我们"，能有效唤起对方的同理心，站在共同利益的基础上思考，快速打破谈判僵局。

谈判时对方提到最明显的问题，你如何正确接话

　　商务合作的过程，其实就是合作方解决彼此困难的过程。在谈判中，你会经常听到诸如此类的话语："现在最主要的问题，是我们想确认设计意图的更改，大概什么时候才能体现在产品的新功能上。但很遗憾，贵司没有给我们准确的答复。"

一般的接话：

　　这是很困难的，如果你们想更改设计意图，那就要给我们具体的更改方案。不然我们也不知道能不能体现出来。

高情商接话：

　　我理解的是有两个目标：第一个，贵方想改变设计意图。第二个，贵方希望尽快看到产品的新功能。但目前这两个目标存在相互不兼容的问题，因为贵方没有将具体意图指示给我们，所以我们无法预估什么时候完成产品的更新。目前，我们必须明确哪个目标更重要。

　　当谈判对手提出问题，并把问题抛给你时，应尽量避免用困难来描述这些问题。这种一般的接话方式，会让对方觉得你们很无能。高情商接话者会强调现在面临的客观矛盾，指出是因为这些矛盾导致无法解决对方感受到的问题。

第
六
章

友人间的接话，
稳住友谊之舵

好友抱怨人际关系变复杂，你该如何应对

很多好友关系来自年轻时期，彼此之间的关系更纯粹、感情更真挚，友谊维系更牢固。当好友相聚时，他们往往会说："我觉得现在的人都变了，老板、同事、合作伙伴，都越来越复杂。"

一般的接话：

可不是，我上班的地方也是这样，一个个都精着呢！上次……

高情商接话：

不管他们怎么变，咱们认识这么多年了，关系从来没变过，一直都这么简单。我相信真正的感情是经得起世界变化考验的。

朋友抱怨人际关系变复杂，如果你只是顺嘴附和，既显得不够认真，也有心甘情愿面对社会环境随波逐流的感觉。高情商接话者会强调彼此之间的关系和那些普通关系、职场关系的不同，可以从认识历史接话，也可以从彼此小时候的认可度接话，体现出对好友的尊重和珍视。

好友说自己什么都没做好，如何宽慰他们

真正的好友彼此知根知底、无话不谈。在成年人的社交圈里，这种好友数量通常很少，越是如此就越值得珍惜，也更值得倾听他们无意识地自我表达。比如："我要像你那样就好了，我在公司工作业绩一般般，到现在又单身，感觉自己什么都没做好。"

一般的接话：

不用这样想，其实你是有优点的，比如你做菜就很好吃，我们都喜欢吃啊。

高情商接话：

谁这么说你的？我要找他评理去。你工作前期没遇到好领导，自己努力成这样，换我早就坚持不下去了。单身的原因是你眼光一直不愿意改变。再说，现在的女生，谁不喜欢像你这样会做菜的帅哥？对了，你要不要试试做美食自媒体？

听到好友自怨自艾，最好不要说"其实你是有优点的"之类的一般接话内容，否则安慰的意图太过明显，会让对方觉得"果然我是需要被安慰的弱者"。相反，高情商接话者能帮助好友认识到客观环境问题，可以暗示他们面对客观环境积极自我改变，并提供合适的建议，帮助他们找到自己的优势。

好友提到你忘记的人或事，你该如何化解尴尬

随着年龄的增长，经历的事情越来越多，需要关心的人也越来越多，你会发现即便和多年好友之间的共同记忆似乎也有所缺失。在好友内心铭记的人或事，可能你早已淡忘，你可能会听到他们说："对了，那个当时和我们一起参加实验项目的女同学，叫×××，听说现在出国了……"这个名字对你来说完全陌生。你该如何接话？

一般的接话：

有这个人吗？我对她怎么一点印象都没有，是不是你记错了？

高情商接话：

你对那次项目记得好深刻。不过说起来那次导师提出的要求很高，而且日期又特别紧，我记得咱俩有几天夜里都是在实验室地上睡的。那个×××当时应该是宿舍条件不错。

如果好友提起的人你完全不记得，不要信口说出，否则就容易让对方感到你根本不在乎共同经历和回忆。高情商接话者可以在忘记具体人的时候，以记住的具体事情来接话，让对方继续透露与此人有关的信息。反之，如果你忘记了事情，就可以用记住的参与者、在场者来接话，让对方帮你回忆与某事有关的信息。

朋友说你的选择不好，你该如何回答

当朋友说你选择不好时，通常是出于关心，也有炫耀自身选择正确的想法。一般接话者直接放大了朋友的后一种想法，导致对话充满了火药味，很可能会有损双方友谊。高情商接话者并没有继续和朋友讨论正确与否，而是解释了自己选择的原因，并通过强调结果来暗示对方。

朋友相互关心是普遍现象。尤其是有过共同学习、工作经历的朋友，对方很可能在某些方面比你经验更丰富，也就更习惯站在指导的角度提出建议。由于彼此关系熟悉，有些建议可能并不好听："你报的这个课程，制作方没什么名气，还花了不少钱，真是不值得。我感觉你被坑了。"

一般的接话：

你去年报的好像是大班，制作方听起来牌子大，但是大机构老师上课你也一样没有过线吧。

高情商接话：

报班这种事就像买衣服，各有各的选择。我仔细研究过他们的课程，讲解都很细致，很多都用了真题。虽然制作方没什么名气，但我也不是冲名气买的。我觉得是不是值得，主要还得看结果，我就想试试。

朋友对你管这管那，你怎样说最得体

有一种爱强加关心的朋友，在女性友谊圈中相对多见。她们脾气好，性格温和，但喜欢对好友"管这管那"，以此传递友谊情感。

例如，当你买了两杯奶茶，正打算和她好好聊会儿天，她却说："奶茶不好吧，卡路里很高的，而且又不健康，是垃圾食品。我劝你最好少喝。"

一般的接话：

哪有那么可怕啊，我认识的 ××× 经常喝，不也挺健康的。你就是太过小心了。

高情商接话：

你真关心我。我不是见你来了嘛，所以特别高兴，路上看到新开的这家奶茶店，很有名，而且又是新品，所以才买给你。赏个脸吧。

一般接话者没有体察朋友的关心，也没有将感谢之情表现出来，而是直接采用举例的方法进行反驳，容易让对方感觉好心被辜负。高情商接话者先是感谢了朋友，又通过解释原因说明朋友在自己心中的分量，这样会使彼此的友谊更加牢固。

朋友说敢和你为某件事打赌，你应该如何接话

对不同的事物存在不同的看法是人之常情，越是朋友之间，这种不同往往表现得越明显。我们对同事或家人不会交流的话题，对朋友却总是口无遮拦，但也很可能由于看法对立而产生矛盾。

例如，在酒吧的随意闲聊，朋友有点儿激动地说："如果今年英超冠军不是曼城，我就掏2000元请大家吃饭，你敢不敢和我打赌？"

一般的接话：

不过是球赛而已，谁拿了冠军跟我也没有直接关系，我刚才只是顺口一说，不跟你打赌。

高情商接话：

2000元可以吃顿好的了。这样，你给我分析分析，看看曼城为什么肯定拿冠军，我可不能随便打赌。

动辄将"打赌"挂在嘴边的朋友，通常都有着超过一般人的自信，个性也比较鲜明直接。如果采用一般接话方式，就会让对方觉得你不敢坚持刚才的论点，这将导致在以后的交往过程中，他会继续质疑你的其他论点。高情商接话法采用了转移矛盾的方式，先让对方列举论据，当对方说完理由后，接话者可以根据其理由表现出接受态度，或者进一步提问，从而有效延缓对方的"打赌"提议。

朋友说对亲密关系失去信心，你最好这样劝解

在当代快节奏、多元化的社会生活中，比工作更不稳定的或许就是感情关系了。尤其在面临伴侣关系波动期，年轻人的第一想法大都并非是向父母求助，担心给他们增加不必要的烦恼。因此，你可能会听到这样的抱怨："她花钱太大手大脚，我怕以后不好过日子"或者"他天天下班就知道打游戏，一点上进心都没有，我看是没有未来。"

一般的接话：

那不行就分呗，你这么优秀找什么样的找不到，再说单身不也挺快乐的吗？

高情商接话：

是吗？没听你说过他（她）是这样的情况，你什么时候发现的？这方面你要想好，如果优点比缺点多，那还是有希望相处的，可以调整一下。如果缺点比优点多，而且没办法调整，那就要考虑考虑了。

无论是职场还是生活，并非所有的建议都要给出明确的方向，在给好友当情感"军师"时更是如此。归根结底，婚恋是每个人自己的责任和权利，作为朋友如果说得太多、分析得太清楚，有可能会在事后遭受误解。与其像一般接话者那样说，不如先提醒朋友回忆另一半以前是不是这样，以此暗示朋友是不是也有责任。随后再提出两种可能的模糊建议，让对方始终掌握全部的选择权。

朋友打听社交圈子，你该如何介绍重点

朋友之间相互成就携手成长，能体现出人与人之间真挚情谊的价值，也能让彼此多一份美好回忆，其中包括社交信息、人际关系等资源共享。当朋友说"你过去在 S 市可是知名的室内设计师，在那里你应该认识不少人吧"，你当然不能沉默无语，但又该如何接话呢？

一般的接话：

我在那里工作了三四年，不过只认识家装设计的几个同行，过去的老板也不常联系了。你这一说，我还真想不起来在那边认识谁。

高情商接话：

你想去那里发展吗？我可以给你介绍几个朋友，不过他们都是做家装设计的同行，每天除了画图就是画图。对了，我还有过去公司老板的联系方式，偶尔会聊几句，你需要的话我也可以发给你。

一般接话方式过于实话实说，采用这种接话方式容易让朋友怀疑你的诚意，觉得你过于拒人于千里之外。高情商接话法先展示自己的诚意，随后再婉转表达自己的人际关系是有限的，很可能并不符合朋友的具体需求。采用高情商接话方式，即便朋友没有得到你的帮助，也会心存感激。

第
七
章

伴侣间的接话，
升华爱意的温度

伴侣说工作压力大，你可以这样化解

面对快节奏的工作环境，人们很难对同事、老板抱怨。许多人在下班后寻找放松和安慰，从而平衡工作和个人生活之间的关系。一个人在工作中扮演高管或员工的角色，回到家中成为丈夫或妻子时，随着身份的转换，他们的怨气接踵而至，变成脱口而出的牢骚："最近单位忙得要死，不知道一天到晚卷什么，现在这事是越来越难干了。"

一般的接话：

大家都是这样，你有什么可抱怨的。真要不行就算了，找个轻松的事情干吧。

高情商接话：

你工作这么累，回家以后还要做家务、带孩子，我觉得你对家庭还是非常负责的。

（或者）你工作这么累，每天中午吃饭时还记得给我发微信聊天，我觉得你是一个很体贴的人。

当伴侣向你抱怨时，情商低的答复就是责怪其抗压能力差，或者建议其别干了。这或许是拿别人和伴侣对比，或许是拿其他工作对比，显得非常敷衍，有可能会激起伴侣的怒火。高情商接话既能让伴侣感受到你的关心体贴，又能感觉自己工作之余的付出得到了承认，有利于相互之间的情感升温。

伴侣问"你最喜欢我什么"，如何根据情况回应

人们都希望获得来自外界的认同，当人们得到他人的认可和赞许时，他们内心会产生强大的自信心，从而帮助人们克服困难、认知自我。在爱情关系中，无论双方处于相互磨合的恋爱期，还是已步入婚姻殿堂，都希望得到来自伴侣的欣赏和认同，因此经常会有人问另一半："说说你对我的感觉吧，我还不清楚你最喜欢我什么呢！"

一般的接话：

我喜欢你的全部，为什么总是问来问去的，好幼稚。

高情商接话：

刚认识你时，我最喜欢你对待工作的认真，每次看到你对工作的投入，我就觉得你面对生活也一定会全力付出。后来在相处时，我最喜欢你对待朋友、爱人的大度，你情绪总是很稳定。现在，我最喜欢你对未来的规划感，跟你在一起我很安心。

不要用"我喜欢你的全部"等类似的说法，在很多时候，这种说法并没有迎合另一半的期待，反而显得可有可无。高情商的接话方式应该能精准契合另一半在不同时间段所希望伴侣记住的特质，从而帮助他们建立更全面、更稳定的形象。为此，可以根据其表现的不同优点，或者相处的不同时间段进行区分后再详细描述。

伴侣说想要去旅游，你该怎么说

一般接话必然会换来配偶的抱怨，对方当然知道工作繁忙、旅游开支大这些客观问题，再听到你这样的接话，对方很容易说"我都没说去哪里，你怎么知道花多少钱""谁告诉你要花很多时间"之类的话，沟通就此陷入僵局。

高情商接话先肯定配偶建议的合理性，并表示同意。随后再提出现实困难，提议共同商量解决方案。这样，配偶的情绪得到满足，想法得到尊重，接下来的商量也就会更加顺利。

恋爱中的旅行令人期待，新婚时的旅行让人心动不已。而当两人正式迈入家庭港湾时，总有一方偶尔会怀念旅行的感觉，他们会说："要不等有空了出去旅游？我听说那里挺好玩儿的。"

一般的接话：

但是最近还有好多事情没忙完，单位快要考核了……

（或者）马上是旺季，机票、酒店都涨价，有那个钱不如在家吃点儿好的。

高情商接话：

好哇，我也同意，我最近也想出去走走。我们计划一下，出去散散心，主要看什么时候工作不忙，再算算我们手里有多少预算，主要是机票和酒店。

伴侣对身材自卑，你应如何接话

爱美之心人皆有之，每个人都希望自己的身材更加完美，而其中要求较高者甚至会因此而感到自卑。当他们面对伴侣时，这种自卑态度就会通过语言表达出来。女性说的"我最近又胖了"、男性说的"我最近长肚腩了"都是典型的例子。

一般的接话：

女："谁说的，你一点儿都不胖。"

男："肚子大说明你吃得太多，运动太少。"

高情商接话：

女："真的吗？应该是我做饭（或我们的饭店）做菜太好吃，把你喂胖了。这样也好，别人再也不能抢走你了。"

男："有点儿肚子才显得成熟，我就喜欢你这款。"

无论男女，当他们在另一半面前表达对身材的自卑时，他们的真实用意并非贬低自己，而是想要得到另一半的关爱和承认，以此确信自己依然能得到与以前同样的爱。一般接话法并未做到这一点，而是就事论事地讨论如何减肥、减肚子，或者虚与委蛇地否认"胖了"这个事实。相反，高情商接话法把身材这件事融入双方情感中，能真正满足伴侣的心理需求。

伴侣说担心孩子太累，你该怎样接话

其实伴侣并不一定是觉得孩子身体差，这可能只是他（她）寻找的借口，用来劝阻你让孩子补课。如果用一般接话方式，就会让对话变成"成绩好有没有用"的争论甚至争吵。但如果用高情商接话，沟通的重点依然是在孩子身上，伴侣会意识到你同样关心孩子，并能更好地共同寻找解决问题的方案。

当你和伴侣有了孩子后，养育新生命并陪伴他们成长，会逐渐成为生活的头等大事。在孩子教育方面，伴侣之间很可能由于人生经历、职业差异、心态建设、工作环境等各方面的不同，而产生不同的看法。

例如，当你认为孩子应该在某个学科上加强补习时，另一半却反对说："我觉得孩子太累了，再这样学下去，身体会越来越差。"

一般的接话：

不学怎么办，不吃学习的苦以后就要吃生活的苦，你能养他一辈子吗？

高情商接话：

学习和身体并不是矛盾的。你说得对，学习重要，身体也重要。我们要给他补充营养，还得适度锻炼，只有身体好，学习才能有效果。另外，只有他用对方法，提高学习效率，才有时间休息，保证健康成长。

伴侣说感觉无聊，积极鼓励其走出阴霾

从校园走出进入职场后，人们生活的重心发生了转变，能够追求的新目标越来越少，而围绕工作、家庭所形成的活动轨迹则变得越发单一。这种变化很容易让人产生无聊之感，你的伴侣可能会向你倾诉这种不适感。他们会说："现在天天除了上班就是上班，感觉没什么意思。"

一般的接话：

你每天下班就抱着手机当然无聊。你应该适当交际，还可以锻炼身体，你看我办了游泳卡，要不跟我去游泳吧。

高情商接话：

为什么会无聊呢？我记得你以前写过玄幻小说，还给我看过。你可以继续写，写完发表到网站上，现在用手机看网文的人好像也很多。

如果伴侣抱怨无聊，你不能将其生活内容与无聊直接联系起来。这种接话会让伴侣觉得你是在批评指责他（她）。同时，你也不应该贸然用你的爱好、想法来给他（她）提出建议，因为你认为有趣的事情并不代表他（她）就会认可。

高情商接话法是围绕伴侣过去曾做过而后来中断放弃的爱好接话，为他（她）提供良好的思路启发，寻找生活中的亮点。

谈到钱的问题，围绕财务状态接话

无论是恋爱还是结婚，双方对金钱收入的积累、花销和储蓄是否科学合理，会在很大程度上决定两个人将来的生活道路是否顺畅。在谈到钱的问题时，你可能会听见对方这样说："我们花钱有点大手大脚，这样下去不是办法。"

一般的接话：

赚钱就是花的。还是多想想办法，看怎么多赚点，别天天就想省钱。

高情商接话：

你说得有道理。我看应该从下个月开始设立记账本，通过记账我们能够了解钱是怎么花的，这样做到心中有数，方便调整。另外我们也可以利用业余时间来学习一些技能，比如做短视频剪辑等，如果学有所成也能赚到钱。

当对方说金钱时，重点并非金钱的多少，而是两个人共同的财务状态。一般接话者就事论事地谈论金钱多少，片面提出多赚钱的要求，似乎在暗示对方工作能力不足。高情商接话者从"节流""开源"两方面提出建设性方案，经过商讨后再执行，可以有效改善共同的财务状态。

说到未来，用语言引导规划

当情侣走过热恋期，开始慢慢习惯彼此的陪伴时，面向未来的话题也逐渐变多。对大多数人来说，维持一段完美无缺的恋爱关系过一辈子是非常困难的，而进入婚姻则需要双方乃至两个家庭共同讨论和规划。此时，伴侣可能会这样说："咱们什么时候商量一下婚期，还有很多具体的事情，别耽误了。"

一般的接话：

是的，等我把手头工作忙完就定。

高情商接话：

这可是大事，我们要尽早确定。对了，你爸妈有什么要求，或者我们安排双方家人见一面，毕竟以后都是一家人了，凡事多商量一下才好。

如果用一般的接话方式回答，就会显得手头的工作更重要，而且也没有提及家人在未来规划中的角色，这样很容易让伴侣认为你根本就不思考未来。想要让伴侣了解你的态度，就要采取高情商接话方式，先强调事情的重要性和紧迫性，然后提出让家人见面的建议，再和伴侣深入讨论规划相关事务。

第八章

亲子间的接话，
爱孩子就要好好聊天

孩子提出不合理要求时，你可以这样回答

当父母带孩子逛商场时，孩子看到了别致的玩具就走不动路。但是，家里已经有好几个类似的玩具。孩子便向妈妈撒娇地说："妈妈，我想要这个玩具。"

一般的接话：

家里类似的玩具都堆成山了你还要买，一天到晚就想着玩，把这个劲头放在学习上行不行？

高情商接话：

这个玩具是挺好玩儿的，不过家里类似的玩具是不是已经有好几个了？如果你真喜欢这种玩具，要不我们做个计划，你可以通过做家务来攒积分，做一次家务攒 10 分，积满 500 分，就可以买一个这样的玩具了。

当孩子提出不合理要求时，如果采用一般接话的方式，直接粗暴拒绝，难免会激起孩子的叛逆心理，不利于他健康成长。

高情商接话方式先表示对孩子的理解，缓和其急迫情绪。再分析需求的必要性，引导其思考是否合理。最后通过设置前提条件，给孩子提供解决途径，既保留了希望，也激发了孩子的劳动兴趣。

孩子说要按自己想法做决定，你如何接话

随着年龄的增长，孩子的社会化程度逐步提高，会想要按照自己的想法做决定，与此相关的表述是成长中的必然阶段，父母要学会接纳并正确应对。有时孩子会说："我今晚不想吃饭了。"

一般的接话：

不吃饭怎么行？现在不吃，晚上睡觉的时候看你不饿才怪！

高情商接话：

如果你现在不想吃可以不吃，但是从现在开始一直到睡觉，也不能吃其他的东西，你自己决定。

孩子有时想要自己做决定，当他做出决定时，既不要一味地否定，也不要替孩子做决定。用高情商接话的方式告诉孩子，他有自己决定的权利，让他感觉到被尊重。但与此同时，也要向他强调个人需要承担的后果，让孩子考虑好能否接受后果，然后再做决定。

当孩子抱怨时，你要这样回应

不少父母只要听到孩子抱怨，就会下意识地觉得孩子是在推脱，随即开始教育孩子。这种接话方式取得的效果往往适得其反。

当孩子放学回到家，大声抱怨道："作业太多了，上学累死了！"

一般的接话：

上学还累？你去看看人家干体力活儿的都没喊累，写点儿作业就嫌累了。

高情商接话：

今天作业很多吗？累的话可以先吃点东西休息一会儿，然后再写，磨刀不误砍柴工。

当孩子抱怨时，如果立即加以否定，孩子会觉得你不理解他，以后即使有情绪或者想法也不会再向你倾诉。这种一般接话方式会直接影响亲子关系。

高情商接话方式先接纳孩子的负面情绪，再给予安慰或者理解，对孩子共情，这样会获得孩子的信任，也可以让孩子的情绪得以缓解，孩子会更愿意与你沟通。

当孩子有不同意见时，你该怎么处理分歧

当孩子与你的意见不同时，如果急于统一意见，会容易让孩子失望和生气，引发亲子之间的矛盾，不利于真正解决问题。

高情商接话方式通过语言引导，将孩子的注意力集中到分歧上，帮助孩子打开解决矛盾的心门。父母经常采用这种接话方式，能够培养孩子的思维能力，即遇到问题要用沟通的办法来解决，而不能用情绪对抗的方式来"分胜负"。

随着孩子逐渐长大，就会有自己的思想。有时候，在某些事情上，他们会和父母的意见相左。当孩子与你的意见不同时，你要怎么接话才能更好地处理分歧呢？

例如，爸爸和孩子约好，当天晚上要去奶奶家吃饭。但临行前孩子突然说："晚上我想去看电影，不想去奶奶家吃饭。"

一般的接话：

电影下次再看吧，我和奶奶说好了，今晚去奶奶家吃饭。

高情商接话：

电影是几点开始的？我们可以早点去奶奶家快点儿吃完，然后再去看电影，这样奶奶也不会失望，你觉得呢？

想知道孩子在学校的情况时，你可以这么问

孩子在学校过得如何？有没有遇到什么不开心的事情？很多父母都想了解，但在接话时，他们往往喜欢用开放式的问题来问孩子，很难了解到具体情况。

孩子："我今天在学校挺烦的。"

一般的接话：

你今天在学校怎么回事呀？

高情商接话：

是不是今天老师批评你了呀？

父母在接孩子的话时，可以采用提问方式。开放式问题对于孩子，尤其是年纪较小的孩子，往往难以产生具体的启发作用，他们也很难区分具体情形来一一回答。高情商接话方式从具体细微的问题入手，从孩子对具体事情的描述中，进一步了解更多细节。这种接话方式既能让孩子愿意与父母持续沟通，又能及时准确地了解需要掌握的情况。

孩子遇到不懂的问题询问时，你可以这样引导

当孩子遇到不懂的问题，尤其是做作业遇到不会的题目时，经常会第一时间来问父母，这时，父母应该怎么接话才更有效呢？

孩子："爸爸，这道题怎么做啊？我不会。"

一般的接话：

这题你都不知道怎么做。这么简单，不就是A+B，答案不就出来了么！

高情商接话：

我们来看看题目，哪里不懂？一起来研究一下。

当孩子遇到不懂的问题立刻询问时，父母不应直接给出答案。一般接话方式既容易让孩子养成不爱思考的习惯，又容易让孩子有挫败感，觉得自己不如父母。高情商接话方式可以邀请孩子共同参与讨论，和孩子一起分析难题，这既帮助孩子解决了难题，同时也能让孩子获得更多的成就感，并因此更喜欢思考。

孩子没有自信心，你要怎么鼓励

在学习成长的道路上，孩子难免会遇到挫折，遇到这种情况，父母应该怎么接话鼓励孩子呢？

例如，孩子说："妈妈，学习好难，我觉得自己好笨，10 道题连 5 道都做不出来。"

一般的接话：

只能做出来一半啊？你肯定是上课没有认真听，上课认真听老师讲，就肯定能做出来。

高情商接话：

你刚刚学这些内容，能做出 5 道已经很不错了。有些题不会，是不是有地方没有听懂呢？哪些不会你说出来，我们一起看看。

孩子在发现自己学习能力存在短板时，难免失去继续进步的信心。如果家长接话过于直率，总是直接指出孩子存在的问题，显然会打击孩子的自信心，让他们产生畏难甚至厌学的情绪。

高情商接话法以建立信心为目标去鼓励孩子，再帮助他们正视不足，克服问题，培养孩子充足的自信，让孩子养成遇到困难不退缩而是努力解决的习惯。

孩子表现出紧张或者害怕的情绪，你要如何缓解

孩子做错事后会觉得紧张或者害怕，父母遇到这种情况，应该如何来应对呢？

孩子："妈妈，我刚刚不小心把碗打碎了。"

一般的接话：

你这孩子，天天毛手毛脚的，就不能小心点儿吗？

高情商接话：

碗碎了就碎了，你没有被划伤吧？下次要小心一点儿，和我一起把碎碗收拾了吧！

当孩子在犯错或者遇到压力而紧张害怕时，父母如果一开口就是责怪，会加重他们的紧张情绪。当孩子为了避免被责骂，他们就会通过撒谎来掩盖事实。

学会高情商接话的父母会保持情绪稳定，不会过多地表达出责怪之意。接话的重点在于缓解孩子紧张的情绪，再让孩子知道做错事要勇于承认并承担后果。

孩子做事磨蹭的时候，你要怎么改变局面

家里经常出现这样的一幕：早上时间紧张，父母急得不行，孩子却还在慢吞吞地收拾书包，眼看就要迟到了。孩子说："我再拿个东西！"

一般的接话：

快点儿，快点儿！每天早上都这么磨蹭，你非要迟到了才满意。

高情商接话：

你把书包收拾好，再过5分钟我们就出门。

孩子的思想还不成熟，很多孩子只能对明确的指令做出反应，父母在着急催促时，如果只是一味地表达急迫的情绪，孩子收不到明确的指令，就不能准确地理解父母的要求。

高情商接话者往往会用简单、直接的语言表达指令，让孩子明确自己马上要做的事情，有利于达到效果。

想要读懂孩子说话背后的需求，你要这样接话

父母在和孩子沟通时，往往会侧重于直接帮助他们解决问题，但孩子是单纯的，他们有时只是希望从父母那里得到情感抚慰。

高情商接话方式能够更好地理解孩子说话的态度和内心真正的需求，并给予针对性的回应，而不是简单地解决表面问题。由此，父母将亲子沟通中的"目标导向"转变为"情感导向"，更有利于亲子之间的沟通效率，孩子也愿意持续向父母吐露心声。

孩子有时会因为不如意的事而哭闹很久，父母怎么哄劝都没有用，但实际上可能是父母没有读懂孩子真正的需求。当孩子养的乌龟死了，孩子大哭："我的小乌龟死了。"

一般的对话：

爸爸："别哭了，我再给你买一只。"

高情商接话：

妈妈："我知道你很伤心，小乌龟是你的好朋友，别难过，来抱抱吧！"

第
九
章

家人间的接话，
温馨时刻从一句话开始

父亲说"工作态度要积极"，你可以这样接话

父爱如山。无论父亲年纪多大，他都始终有"一家之主"的心态。即便你事业有所成就，即便他不清楚你的工作内容，他难免还是会唠叨几句。

例如，"工作态度要积极，对领导交办的事情要认真。"

一般的接话：

知道了，我都不小了，还能不清楚工作的重要性吗？再说也不是积极就能做好事情。

高情商接话：

是的，您以前上学时对我的教导我都记得。咱家人做事都习惯认真，虽说现在不是上学学习，但做事认真肯定没有错，事情也会干得越来越好。

父亲强调"积极认真"，并不是在怀疑你的工作态度，很可能是一种从你年幼开始就形成的表述习惯，以此表示他对你工作状态的关注。高情商接话者通过拿工作和学习的差异进行对比，暗示父亲应该理解自己的难处，同时也强调做事认真已经是家族习惯，自己不会改变，这样才能让父亲真正放心。

母亲说"担心你在外面工作"，你这样接话

眼看子女成年累月在外地工作，父母总是会感到担心。母亲经常会说："你在那边每天除了工作，大概就是玩。早知道这样，还不如回来，离家近。"

一般的接话：

妈，我工作已经很累了，下班了真的不想说话。您别担心我，大城市很安全。

高情商接话：

妈，我毕业以后没有回来工作，没办法陪你们，我也觉得有亏欠。但好歹我闯出了发展空间，今年刚升职，就算下班了也需要时间充实自己。您放心，我一有空肯定打电话。

对待工作地点这件事，父母和子女之间的问题主要在于观念冲突。在面临母亲的担心时，高情商接话者没有试图改变其观点，也没有单纯地发泄情绪，而是用正确的方式，解释了自己的决定，表达了歉意，同时引导父母学会从新的方向观察就业选择问题。

舅舅说"我买了款新手机"，你该怎么打开话题

年轻人经常感觉和长辈找不到话题？过年过节时面对亲戚的一问一答总是让人尴尬？其实这些并不是问题，真正有问题的是接话方式。如果学会了正确接话，家人之间的话题宽度自然能随之打开。

例如，舅舅说："最近我买了款新手机，××牌的。"

当家人想和你分享最新收获时，如果你只是随便附和两句，或者夸夸对方显而易见的优点，话题就会陷入停滞。但高情商接话者会通过阐述对方的话语，找到新话题，和家人分享他们不了解、不熟悉的知识，引发他们的疑问和兴趣，让沟通变得更深入。

一般的接话：

那款手机刚出来，很贵的，舅舅你真有钱。

高情商接话：

是吗？那款手机用了蔡司镜头，拍照效果特别好。对了老舅，最近我学会了剪辑视频，用一款软件就能把很多照片剪到一块儿，配上音乐特别精彩，有空你可以用这款软件给舅母做专辑。

外甥说"我一定能考上研究生"，你该怎么接话

不管遇到什么事情，晚辈都习惯向长辈倾诉，并与长辈分享他们的目标。外甥聊天时说："我毕业了打算先不找工作，就在家复习，我一定能考上研究生。"

一般的接话：

能考上就考，考不上就算了，找工作积累实际经验也是一件好事。

高情商接话：

你从小就是一个认真的孩子，你有志气有想法，这是非常好的。在考研同时你也可以多了解一下社会，看看师兄们毕业后的发展情况，再规划一下考研的专业，了解毕业以后的就业情况，最后再决定考研方向。这样是不是更明智一点儿？

高情商的接话方式是，当晚辈向你表述他们的目标时，无论其说法是否全面，只要是合理目标，你都应该先以鼓励支持的口吻，对其态度加以肯定。随后再根据其说法中的偏颇之处，提出自己的建议和意见。如果一味抓着他们考虑不周全的地方，直接加以批评指责，即便晚辈表面不反对，实际上也难以接受。

姐姐说"帮你存钱"，你应该怎么说

家人提出帮你存钱，既出于关心你的责任感，也不排除能从中获得一定的现实利益。但如果你采用一般接话方式，就会显得过于突出后者，意在提防家人，容易导致对方下不来台。而如果你采取高情商接话方式，强调你在财务管理方面的设想，就能很好地应对话题。

在日常生活中，家人之间的相互关心是非常重要的，但是对于个人的自主权和成长，也应该有一定的边界感。即使你已经长大成人，但家人可能仍然视你为孩子，对你的能力产生质疑。家人会认为你没有能力来管理自己或金钱，这时姐姐会说："你哪会管钱，不如把钱放在我这里，你姐夫做生意需要钱周转，一年还能给你几个点分红。"

一般的接话：

姐，我就这么点儿工资，本来也存不下几个钱。我总要社交，还得自己开销。

高情商接话：

姐，我知道你是在担心我。我现在也不是学生了，知道存钱很有必要。但我还是想先试一下，由自己来存钱，锻炼自律和自制力。如果我发现确实攒不了的话，再请你和姐夫帮忙。

哥哥说"等你婚后就知道了"，你该这样接话

与家人谈论不熟悉的话题时，他们可能会表现出不太愿意深入交流的态度，这会阻碍家人之间的沟通，也容易错失拉近彼此感情的机会。

例如，哥哥说："我现在才明白为什么有不婚主义者了，弟弟，等你婚后你就知道了。"

一般的接话：

真的吗？我感觉我现在已经被哥哥说得要恐婚了。

高情商接话：

哥，家家都有本难念的经。我没结婚我还不懂。不过我看爸妈这辈子也不都是顺风顺水，我们小的时候，他们那么忙，也经常吵架，现在还是和和气气到老。你和嫂子应该也会这样吧？

当家人说"等你以后就知道了"时，几乎等同于"这是难言之隐"的另一种表达方式。从心理学角度看，这也可以视为成年人对外寻求安慰和帮助的表达方式。如果泛泛而谈，或者盲目夸大话题的严重性，效果会适得其反。高情商接话者先承认自己的不足，再用自己和对方共同的生活经验作为例子，引出对方更多的表达。

婆婆说"做了你爱吃的菜",这样接话最懂事

一般的接话方式,更像女儿对母亲的撒娇式夸赞,虽然显得很懂事,但并不是婆婆最期待的回复。高情商接话方式将婆婆的做菜手艺,与自己在家庭中扮演的角色巧妙结合,既承认自己的厨艺水平不如婆婆,也表现出了要认真学习的决心,这样的回复当然会抓住全家人的心。

身为女性,如果总是能接住婆婆的话,对情商的提高和运用将大有裨益。当婆婆说:"我今天做了你爱吃的菜。"你该如何回答显得最懂事呢?

一般的接话:

果然是我最爱吃的,妈,您真好,谢谢您!

高情商接话:

妈,您手艺这么好,我可有点儿压力。我得找机会多跟您学习做菜的技巧,提高自己的厨艺水平,争取让您也尝尝我的手艺。

老丈人说"年纪不饶人"，你可以这样安慰

当家人变老时，可能会频繁谈论与衰老有关的话题。比如，尽管老丈人身体健康，但还是有事没事就会说："年轻时干活都不知道什么是累，现在老了，年纪不饶人，干点儿活儿就觉得累。"

一般的接话：

您哪里老了？也就六十多岁，我认识的×××叔叔，这把年纪还在外面到处打拼忙生意。

高情商接话：

您和自己以前比大概是老了，但我们看在眼里，觉得您比其他人精神多了。再说，您把孩子都培养得很优秀，这可是什么样的年纪也换不来的人生财富。

当家人谈论年纪不饶人时，表面上是感叹岁月的流逝和身体的衰老，实际上是想要得到理解和关心，以及晚辈的肯定，认可他的价值和智慧。一般接话者没有意识到这种需求，反而以其他老人的活跃证明家人年纪并不大，或者更容易导致家人的错误对比和理解。高情商接话方式则精准而巧妙地满足了老人的情绪需求。

小姑子让你教她化妆，不妨如此接话

小姑子想学化妆，或者晚辈想学其他技能时，如果一味强调困难，或者以"年龄还小""学了没用"等话语来接话，就会让他（她）们感觉遭遇莫名的打压，产生不快。高情商接话方式是先肯定其学习的热情，随后再根据自己的学习经验来透露其中的困难。

对女性而言，婆家是既陌生又熟悉的环境。小姑子、小叔子作为家庭中的一员，有被家人包容的个性和想法，作为"外来者"，自己理应学会倾听他们的想法，理解他们的需求，并给予积极响应。

例如，还在上大学的小姑子可能会说："嫂子，你化妆水平那么高，下次教教我呗。"

一般的接话：

你还小，学生不用化那么复杂的妆，会点儿简单的就行。

高情商接话：

好啊，化妆很有意思，你想学什么类型的呢？任何化妆都有技巧，需要不断练习，如果你想学，就要有充足的时间。而且化妆也只是点缀，不能太过依赖。

侄子说"实习的规矩太多"，你主动分享经验

在晚辈眼中，父母辈虽然有着丰富的生活经验，但却对当下职场逻辑缺乏全面的把握能力。因此，当晚辈遭遇职场苦恼时，他们更愿意对叔叔辈的人倾诉。

例如，侄子说："听说学校选的这家工厂，实习的规矩太多了，我们现在都不想去了。"

一般的接话：

就几个月，忍也要忍下来，不然拿不到毕业证书就更麻烦了。

高情商接话：

是呀，现在到处规矩都很多，以前我也很烦，也是慢慢适应的。面对规矩，合理的我们只能遵守，因为它维护的是更大的利益。不合理的我们要学会灵活应对，不能过于僵化。如果你觉得有些规矩不太合理甚至违背法规，可以向上级或者老师提出意见或建议，也可以向有关监管部门投诉举报。

对晚辈的接话，切忌充满过分直接的说教意味，否则晚辈将会选择以沉默无言应对。高情商接话与对方站在同一角度，分析"规矩"是什么，有什么作用，对于合理的规矩应该如何，对于不合理的规矩应该如何，这种接话合情合理，能让晚辈轻松接受。

第十章

社交接话，
分清场合再开口

聚会中合作方夸奖你，你该如何接话

聚会不仅是娱乐放松，更是人际沟通的重要机会。在聚会中，当面对合作方的夸奖时，如何妥善接话，是对你职业情商的重要考验。它不仅需要灵活的语言艺术，更需要懂得如何在接话前了解对方的想法。

例如，当合作方代表人对你说："年轻人，未来可期呀！今后的合作中，我们恐怕会给你们添麻烦，你们多费心了。"

一般的接话：

没问题，有事您说话，我们一定做好！

高情商接话：

您太高抬我们了，为了合作，我们付出也是应该的。往后我们的工作还请您多关心多指导。我们领导多次表示，非常重视和您的合作，有需要您随时指示我们，我们全力以赴！

合作方的夸奖如果带有谦虚意味，更多是体现其职业美德。如果你的接话缺乏情商，就显得自视过高，让对方下不来台。高情商接话者不仅要做出承诺，还要回应对方，凸显对方在合作中的主导地位，让对方获得成就感。

有人请你帮忙，这样轻松接话题

社交是一种情感交流的方式，人们通过与他人互动来分享情感、建立亲密关系和获得支持。社交活动常常涉及明确的需求和目的。人们可能会带着各种目标参加社交活动。面对他们的发言，你既要充满热情地回应，也要带有策略地接话。

例如，当对方说："这件事，我相信兄弟你一定能帮忙，我就多多拜托你了。"

一般的接话：

你放心，凭我们的交情，我肯定尽力而为。

高情商接话：

我知道这件事对你很重要，明天我就和 × 总联系，看他有没有办法支持我们。如果有消息，我立刻告知你。当然，这件事比较难办，我肯定竭尽全力处理，但也不能保证一定成功。如果解决了，我为你高兴；如果解决不了，也请你谅解我。

在面对他人所托时，要先用理解这件事情重要性的态度来接话，随后再明确表达你能做到的事情，最后给对方设置合理的预期。这种高情商接话方式能平稳接过对方的诉求，而不会在事情失败后显得过于突兀，导致对方出现心理落差。

活动后有人感谢你，如此表达最合理

社交场合的互动是非常重要的，无论是活动进行中的精彩纷呈，还是结束后的宾主话别，都可能决定社交的成败。

例如，在你组织的活动结束后，有人主动向你感谢说："让你破费了。"

一般的接话：

不客气，没花多少钱，这都是我应该的。

高情商接话：

哪里，我应该感谢您今晚能到来，和大家一起度过了美好的时光。希望下次您还能赏脸出席。

当客人向你表示感谢时，强调花钱多少的接话方式显得过于功利，会让客人陷入尴尬。高情商的接话重点在于反向感谢他们的到来，表达对客人的尊重和关心，并预约他们下次出席。这样的接话方式可以赢得客人更多的认可和尊重。

公司聚餐领导说辛苦了，如何接话情商高

公司内部的聚餐不像面对客户那样正式，但其中的沟通机会同样重要。

例如，当领导说"你今年辛苦了"，你的接话方式不同，很可能会给领导带来不同的感受，对你产生不同的评价。

一般的接话：

领导，不辛苦，这是我应该做的。

高情商接话：

领导，谢谢您的肯定，虽然今年业绩不错，但我也在反思，看到了需要改进的地方。我们团队中的小李、老张，给我提供了很大的支持和帮助，我们之间的默契合作让业绩提升也很大。

一般接话方式过于简略直接，除了让领导觉得"这是个老实人"之外，没有产生其他有效沟通的效果。高情商接话者既接住了领导的夸赞，又表达了继续进取的想法，同时还将领导的夸赞之意分享给团队内其他成员，让上下级都对你的接话感到满意和欣喜。

客人为迟到道歉，可以这样接过话茬儿

社交场合中总会发生一些意外，无论是客人突然有事需要提前离席，还是路途耽误导致迟到，接话方式的正确与否将会影响他们对你的评价。

例如，当合作伙伴由于交通问题而迟到后，带着歉意说："不好意思，让你们久等了，路上堵车堵得厉害。"

一般的接话：

哪里哪里，我们等着都没关系的。

高情商接话：

×总您言重了，这种情况，我们领导完全理解。我们非常重视和您的合作，很期待今天和您当面深入交流，这是我们双方相互深入了解的宝贵机会，也要感谢您的到来。

当客户为迟到道歉时，你不能围绕道歉本身去接话，否则无论如何表述都会让场面变得异常尴尬。高情商接话者是先理解对方迟到的原因，再表达我方诚意，最后展望双方的沟通结果、合作未来。这种接话方式避免了讨论迟到这件事，将讨论空间拓展到更大程度。

客人谈及出席人选，最合适的接话内容

社交活动之前，与客人的沟通过程非常重要。如果你想通过社交活动与对方建立更深入的联系，就要提前让客人对整场社交活动有充分的参与感。尤其当客人可能说"这次活动还邀请了我们公司哪些人"时，你更应该注意使用技巧来准确接过话题。

一般的接话：

就我们双方领导和工作人员，没有邀请其他人。

高情商接话：

这次晚餐，主要是为了感谢您对我们公司的关照。上次项目中，您大力参与，协调了我们和贵司各部门之间的沟通，我们领导想单独向您表示感谢。如果您觉得没有邀请其他人有些不妥，或者有其他建议指示，请告诉我，我向领导反馈。

当客人提及"还邀请了谁"的话题时，通常包含了更深层的含义。客人更想了解本次社交活动的背景、目的，希望知道自己在这次社交活动中扮演的角色是主宾还是陪宾，甚至只是"陪衬"。在接话时，要结合社交活动的主题目的，选择合适的回答方式，便于客人了解事实、易于接受。

第十一章

生活中的接话，
陌生人秒变朋友

邻居询问最近忙啥呢，你应如此接话

同在一栋楼的邻居，或许从未正式见面，但偶尔会在电梯、楼道里擦肩而过、礼貌微笑。如果邻居和善地打个招呼："最近忙啥呢？"你应该怎样接话最好呢？

一般的接话：

天天忙上班，年底了公司事情特别多。

（或者）天天都带娃，孩子小确实费心。

高情商接话：

最近工作忙，有时候加夜班回来晚。有没有吵到你们家啊？真不好意思。

（或者）最近忙着带孩子呢，爷爷奶奶出去旅游了，我们自己在家带。我看你家也有个宝贝，哪天一块儿玩？

邻居见面时的类似招呼，大多只是客气几句或者为了避免尴尬，并不是真的想要了解你最近工作和生活日常。因此，无论是据实相告还是含糊其词，都并不是高明的接话。真正高情商接话方式是将自家生活状态和邻居生活状态联系起来，例如为可能吵闹到对方而致歉，也可以邀请对方参加集体活动，从而让邻居感到你的善意。

店员说有最新推荐，顾客应答方式

在线下实体店挑选东西时，无论是精品时装、生活日用，还是孩子的玩具。当熟悉的店员说"来了啊，这次有批好东西推荐给你"时，你其实早已有想要购买的产品，你如何回答最妥当？

一般的接话：

我今天不买别的，就打算买 ××。

高情商接话：

是吗？不过上次你推荐的 ×× 产品，回家使用后，全家都很喜欢，非常感谢。这次我继续买这个。下次他们想要换，我再来麻烦你。

在紧张工作之余，人们会享受购物过程中的乐趣。但也可能对实体店店员过分热情地推销感到畏惧，希望能简单地购买、付钱、离开。此时，如果只是一般接话，不仅显得冷漠而不近人情，更会导致店员失去推荐的兴趣，将来真正有需要时又无法获得产品信息。采用高情商接话方式，既肯定了店员的推荐水平，又避免了听其不断介绍。

游客说想在景点多玩会儿，导游的巧妙接话

多年来，跟团旅游长盛不衰，凭借价格、安全、专业的优势吸引了一批批参团者。作为导游，必须拥有高情商接话技能，以此应对各种突发情况。当游客在某个特别景点流连忘返，说"导游，我们都希望在这里多玩会儿，下个景点可以少待一下"时，也是在考验导游的情商。

一般的接话：
不行，我们合同上的日程就是这样安排的。

高情商接话：
我也想多玩会儿，不过公司有规定，如果导游擅自更改旅游日程而不上报，就会扣除本次全部薪酬，还可能增加处罚。大家也不希望看见我被处罚吧，实在是爱莫能助。

导游拒绝少数游客不合适的要求，应该做到合理，更要保证"合情"，保证团队整体利益的同时，又不伤及少数游客的面子。一般的接话方式没有顾及上述原则，简单直接地用合同加以拒绝，而高情商接话方式则以公司规定为由，直接陈述擅自更改日程的后果，起码能获得其他大多数游客的支持和理解。

患者提不合理要求，医护的高情商拒绝

"医生，我不想麻烦，你就给我做个 × × 检查，再开点 × × 药吧。"

"护士长，这个实习护士一看就没经验，能不能换个人？"

在医院，上述话语经常会出现。当患者提出不合理要求时，医护该如何恰当拒绝呢？

一般的接话：

对不起，请按照医院规定流程来，配合我们的工作。

高情商接话：

不错，我认为进行 × × 检查（开 × × 药）是应对你病情的好方法。但根据我的专业经验，我认为 × × 方法更对应你的状况。我这个意见对之前类似患者都很有效。

实习护士也经过了严格培训，而且工作经验不能只看年龄，请您给这位护士履行正常实习义务的机会，我们也会派有经验的护士陪同指导。

当病患提出某个要求，而医护不认同的时候，不应直接拒绝他们的要求，否则后续沟通很难进行。医护可以采用高情商接话方式，站在病患角度考虑，表示就他们的要求进行了考虑，能提供更好的解决方案。

面对金融产品推销，客户的最佳拒绝态度

面对金融产品推销，你可能不堪其扰，但顾及长期合作的关系或者特别情境下的影响，不便于采用一般接话方式直接拒绝。此时，可以用高情商接话方式，肯定产品的功能但否定其适用性，也可以用已购买过的借口加以推脱，甚至可以用"善意的谎言"，表示更亲密的关系也未能说服自己购买，让对方知难而退。

无论是银行储蓄，还是公司在经营活动中，都会遇到理财、保险、基金等金融产品的销售顾问，他们总是会抓住机会就介绍产品："您好，这边有一款年收益很不错的理财产品，您要了解一下吗？"

一般的接话：

对不起，我没什么兴趣，也没有钱买理财产品。

高情商接话：

你们的产品很好，但是其主要功能（或价格、年限、利息等）不适合我。

（或者）我的亲戚在保险行业工作了多年，跟我介绍了很多次，都没有说动我。我就不浪费你时间了。

（或者）对不起，我在公司已经买过对应的产品了。

学员说自己太笨，教练这样安慰

在各类培训机构，教练会面对形形色色的学员。有些学员或者是资质欠缺，或者是花费时间不够，导致学习进步不够明显。此时，他们往往会将原因归结到自身，如："我太笨了，教练你会不会嫌我太麻烦。"

一般的接话：

你不笨，这个科目就是太难了，别人学起来也麻烦。

高情商接话：

不是每个人都能学到你这种程度，因为你一直在努力，这才是难能可贵的。只要你继续努力，我们一起想办法解决问题，就一定能取得更好的成绩。

当学员说自己笨时，可能只是为了引起教练的重视，或者只是试探你对他的评价。如果采用一般接话法，学员就会误解以为你认同他的看法，这会让他感到更加失落。高情商接话法在于肯定学员的努力付出，再鼓励学员继续坚持，并承诺共同面对，从而帮助学员做得更好。

新同事向你问好，如何接话更好

新同事和你打招呼时，不仅想要认识你这个人，更希望获得你的好感。一般的接话只是简单地介绍自己的名字，让新同事感觉你比较冷漠，不知道如何展开交流。高情商接话重点在于介绍自己的工作角色、上下级关系，便于帮助新同事对与你有关的工作环境形成全面的认识，也便于他将来能处理好与你有关的事务。

在公司或单位待的时间足够久，你就会遇到许多新同事。他们虽然对环境很陌生，但通常都会尝试着和你打招呼问好，希望通过友好姿态融入新群体，为此他们会说："你好前辈，我是新来的×××，以后有什么不懂的事情向你请教。"

一般的接话：

你好，我是×××，以后一起努力。

高情商接话：

你好，我在这个部门参加×××项目工作，我向部门的×××经理汇报工作，×××、×××向我汇报工作，以后一起努力。

路人夸你的宠物可爱，这样接话最自然

养宠物已成为当下流行的生活方式。养宠物不仅能满足自身的情感需求，还可以填补社交空白，帮助我们认识更多新朋友。当你在路上遛狗时，忽然有陌生人来了一句"快看，这只小狗真可爱"，你会说什么呢？

一般的接话：

谢谢！

高情商接话：

你看它听懂了你的话，正在向你打招呼呢！

会在路上主动夸赞你的宠物的人，通常都比较善良而有童心，他们可能自己也养宠物或者关注同类宠物，并愿意和你成为朋友。面对他们的夸奖，如果你只是面露微笑地说声谢谢，当然也没有任何问题，只是有可能失去认识新朋友的机会。但如果你能用高情商接话方式，展示自己的和善、友好，或许就能通过宠物话题展开讨论，进而延伸自己的社交网络。

第十二章

含蓄的接话，
引而不发是智慧

有人打听收入，含糊其词误导话题

社交生活中，总有缺乏边界感、动辄打听隐私的人。他们可能是好奇心强烈的亲朋好友，也可能是真的出于关心，却说出让人尴尬的话语。如"听说去年你在上海挣了不少钱，带回来起码几十万"就是其典型话语。

一般的接话：

挣不到那么多，哪有那么多呢？

高情商接话：

是吗，你听谁说的啊？我的工资在上海很一般，租房、交通这些开销，都比老家多。毕业这些年，我要攒了钱，我为什么不结婚呢？对了，我最佩服的还是您家×××，早就有房有车有孩子了，我要向他多学习。

面对收入问题，一般接话方式会让人陷入误区，仅仅表明没有几十万之多，但对方的注意力依旧在数字上。

高情商接话方式将具体数字问题变成了"谁挣钱更厉害"的问题，对方也就无从继续纠缠原有的问题了。

自己不了解的话题，偷换概念即可

在沟通交流的过程中，当他人把话题转向你的知识空白区时，你会因为缺乏了解而无从接话。

例如，在聚会上大家谈论起白酒香型的区别，但你并不擅长喝白酒，更不清楚白酒香型有什么区别。有人问你："最好喝的清香型白酒到底是哪款？"

一般的接话：
我不喝白酒，不太懂这个。

高情商接话：
要我说，最好喝的酒是咱们齐聚一堂时喝的白酒。

人总是有知识空白区的，不懂装懂固然可笑，但直截了当地承认自己不懂，又有可能造成冷场尴尬。面对类似话题，可以用偷换概念的方法接住。案例中对方所说的"最好喝"无疑是指酒的实际口感，高情商接话方式把"最好喝"改变了概念，更换为"最有意义"。这种接话方式不会暴露你对话题缺乏了解，也不会引发对方的怀疑、辩论，既省掉麻烦，又烘托气氛。

领导想要你表态，但你不愿意明说

在职场中，把话说明白是基本技能，能树立你自信的工作形象。但环境总是变化的，说出口的话就不能收回，你也应该学会模糊接话表态处理不同的问题，避免团队内部产生矛盾。当领导说："你是这个部门的领导，谈谈这个人的工作表现吧。"

一般的接话：

我感觉他工作经验比较丰富，处理事情也很灵活，但是积极性不高，经常攀比收入，态度还是要端正。

高情商接话：

作为公司的老员工，具备其他员工没有的优点，比如工作经验丰富、处理事情灵活。不过，他的潜力还没有充分发挥出来，在团队中还能积极发挥更重要的作用。

如果用一般接话方式去评价这位老员工，有可能没多久就会传到他的耳朵里，导致团队内部产生矛盾。而采用高情商接话方式，既肯定了老员工的优点，也暗示其工作态度的问题，领导可以心领神会，被老员工误解的可能性也随之变小。

面对细节提问，假装忘记也是一招儿

显然，酒店到会场的距离是同事关心的重点，但并非你想要讨论的话题，而你此时也并不想知道同事为何如此关心。

如果像一般接话者那样接话，同事很可能继续问"是哪些路口""路口旁边有没有标志性建筑物""有没有地铁"等。但采用高情商接话法，将话题转移到事情主体上，同事就不会在细节上继续讨论了。

沟通需要时间，但限于所谈事情、对象、环境的不同，我们无法对每次交谈都保持同样的耐心。当面对穷追不舍的细节提问时，你可以用假装忘记来接话。

例如，在谈到某次出差时，同事问："会议主办方安排的酒店怎么样，距离会场大概多远？"

一般的接话：

不太远，过三四个路口就到了。

高情商接话：

记不清了，当时我急着准备发言，在车上看材料。那次会议参与者人数很多，是我唯一记住的事情。

少用肯定词接话，让沟通留有余地

在大多数场合中，别人对你的认识、了解，都是通过你的说话内容而产生的。如果想要建立自信坚定的形象，你应多使用肯定语气。但过犹不及，如果总是使用肯定词接话，沟通的余地就会被大大压缩。在某些情况下，你要学会尽量避免用肯定词接话。

例如，当客户问"你是不是真的能给我打到8.5折"时，你可以这样接话。

一般的接话：

对，一直都行，我上周刚给客户这样打折的。

高情商接话：

是的，请放心。按照现有流程，我是有这种打折权限的。

一般接话者用"一直都行"来描述自己的打折权限，显得过于肯定。万一后续办理流程中出现其他意外情况而无法打折，客户就会产生被欺骗的感觉。

高情商接话者用"现有"来描述，是对未来的事情进行模糊化预期，同时又对现有状况进行确定性描述，能让客户产生合理的期待。

不说具体原因，压缩对方追问空间

在情况较为急迫的沟通状态下，需要向对方呈现某种事实来引发对应的行动。此时，你无需再解说具体原因，而是对之进行模糊处理，从而避免对方的下一步追问。例如，当财务说"你们部门上个月申报的差旅费是全公司最多的"，你可以采用这种接话方法。

一般的接话：

是的，因为我们接下了Ａ公司的项目，Ａ公司要求我们派出最强大的团队过去指导和讲解，人数才这么多。

高情商接话：

没错，您真是非常专业，这都是因为项目大呀！

财务说出这句话的动机并不明确，可能是出于职业谨慎而稍加了解，也可能是听说了你所在部门的忙碌状况，甚至可能就是随口一问。如果采用一般接话方式，透露了具体原因，反而会激发其好奇心，并不断追问下去。高情商接话方式只是用"项目大"这样的模糊原因作出解释，便于更早结束谈话。

用好反义词，让别人自行思考想象

当谈话主题引申到你不便于精确描述的领域时，恰到好处地运用反义词，能很好地激发对方的思考力、想象力，保证沟通内容的正常推进。

例如，当朋友们谈到某位知名作家时，有人问你："你喜欢他的作品吗？"

一般的接话：

我觉得挺好的，挺喜欢。或者我觉得不太好，不喜欢。

高情商接话：

我感觉他的作品比较复杂，既深奥晦涩，又通俗易懂。深奥晦涩在思想上，通俗易懂在文笔上。

采用一般接话法来评论这位作家，你就只能说"好"或者"不好"，"喜欢"或者"不喜欢"，无论怎么说可能都会与在场某些人的意见相反，也显得比较主观片面。

采用高情商接话法，列举反义词"深奥晦涩"和"通俗易懂"，照顾到了不同人的情绪，也更完美地体现事实。无论是"喜欢"还是"不喜欢"的人，听到这样的结论都会自行思考想象，并以此推断你同意他们的立场。

打个有趣的比方，在修辞中化解矛盾

比喻是一种精妙的修辞方法，它并不追求内容上的完全精确，而是追求意象上的高度神似。在接话时，运用比喻能化解沟通过程中暴露的矛盾，转移沟通双方或多方的注意力，转而重新集中到同一目标。如在某次商务谈判中，合作方领导笑着对你说："最近我们两家公司的合作不顺，双方有些工作人员老是发生矛盾，吵吵闹闹，都传到我耳朵里了。"

既然是对方笑着指出的矛盾，说明问题并不算严重。因此采用一般的接话方式显得过于生硬正式，反而会放大双方不同的意见。而高情商接话方式通过巧妙打比方，在缓和气氛的同时也说通了道理。

一般的接话：

有矛盾并不影响我们的合作诚意，而且部分矛盾确实并不是我方导致的。

高情商接话：

×总，咱们合作这么多年了。我打个不太恰当的比方，两家企业合作久了，就像夫妻从谈恋爱到结婚生娃，总会有点儿矛盾嘛。只要解决好了，日子还是一起过。

转移肯定点，对方领悟后有回味

当话题集中到对方引以为豪的事情上，他们往往希望获得肯定和赞美的反馈。当你是其师长或领导时更是如此。但是，如果对方的表现并不真正值得被称赞，你该如何接话呢？

比如，你的下属熬了两夜加班，交上来的报告水平一般，但她依然高兴地说："领导，您看看我写得怎么样，这次我列举的数据很多。"

一般的接话：

数据是很多，还行。

高情商接话：

确实，你的报告数据翔实，在找资料上花了很多时间，非常棒。希望下次你能花同样的精力在优化数据逻辑上，我相信你会更棒。

一般的接话方式只是简单地夸赞了数据多的特点，并没有转向值得肯定的地方，对下属成长不利，也没有传递出你的全部评价。

高情商接话方式既表扬了数据翔实，又模糊传递了"应该优化数据逻辑"的建议，让下属在接受表扬后得到新的启发。

曲线批评，不伤面子达成效果

通常情况下，真正的表扬并不需要模糊处理，但真正的批评最好还是不要太直率。除了上下级或师生关系外，过于直接的批评很容易在被批评者心中留下芥蒂，导致其感觉没面子。

例如，合作方通知你："由于我方部分原因，这次项目需要延期，我们会按照合同进行赔偿。"但即便按照合同赔偿，你方也会受到损失。你可以这样接话。

一般的接话：

赔偿也无济于事，这次问题太大了，都是你们的责任。

高情商接话：

我很遗憾，你们进行赔偿肯定有损失，但我们的成本损失更大。这种双方都有损失的事情，以后请减少发生。

如果双方还需要继续合作，批评的话语就不能说得太呛，否则可能会影响后续关系。一般的接话方式就会导致类似问题。而高情商接话方式既承认对方损失，也强调本方损失，并通过"以后请减少发生"的建议，暗指这次发生的责任全部在对方，达到了曲线批评的效果。

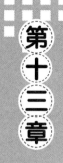

第十三章

巧妙接话，
再也不会冷场

开场白后，接过话题了解对方情绪

在现代快节奏的生活中，很多人由于忙碌和压力的缘故，可能失去了对他人情绪的细致观察和理解能力。如果想要精准接话，避免陷入沉默尴尬，就要先注意沟通对象的情绪，并积极利用对其情绪的了解寻找提升沟通的方法。

例如，当下属告诉你："领导，下周要举办孩子满月酒，我想请两小时假提前回去。"

一般的接话：

行，安排好工作就可以。

高情商接话：

孩子满月，一定很开心吧！现在你是爸爸了，以后工作要更努力了。

下属的开场白说明了请假的内容和原因，如果你只是像一般接话者那样回应，等于根本没有关注到对方的情绪，这样的沟通虽然正确，但并未产生额外价值。

相比之下，高情商接话者从体察对方初为人父的情绪入手，并利用对这件事情的关注来激发下属更强的工作责任感，产生了很好的接话效果。

传递意图时，重复接话的妙处

沟通的目的在于相互了解看法、交换观点、陈述意图。在工作或生活中，你可以利用重复对方表述内容的方式来正确接话。在沟通中，无论是利用重复来点醒对方发现错误，还是利用重复来强调本方的想法，都可能推动沟通朝着更深入、更高效的方向发展。

在和好友商量暑假去哪里旅游时，好友说："我看去东北比较好玩儿，东北地区有很多独特有趣的景点和特色城市，冰城就是其中之一。"但你并不同意这个方案。

一般的接话：

我觉得夏天那里不好玩儿。

高情商接话：

冰城、冰城，肯定要冬天天气冷有冰雪世界的时候才好玩儿，你说对不对？我们还是换个目的地吧。

一般接话方式直截了当地说出了自己的看法，否定了好友的建议，但并没有说出其中缘由，容易导致对方误解。

高情商接话方式重复了"冰城"这个词，帮助好友发现思维漏洞，从而避免由于反对而带来的误解，也加快了后续交流的速度。

棘手问题，别只会用"是吗"接话

当别人向你倾诉比较棘手的问题，但你却觉得无聊而难以接话时，你可能会习惯性地用"是吗"接话。这种接话方式既显得呆板，又让人觉得很疏远，仿佛拒人于千里之外。

例如，同事在午休闲聊时说："我家过年现在越来越没有气氛了，我爸妈嫌我不去相亲，不往家里带人，年夜饭都只做四菜一汤。"

一般的接话：

是吗？这样啊！

高情商接话：

我妹妹也是这样。去年我给她推荐了一家很好的饭店，让她拿年终奖带着父母去吃年夜饭，也挺好的。

同事说由于不去相亲而导致过年没有气氛，这个问题你根本无法解决。因此同事向你抱怨时，你似乎也无话可接。但高情商接话者把问题简单化，即单纯帮助对方解决到哪里吃年夜饭的问题，这样就不会陷入"是吗"之类的冷场局面。

谈话僵局，用接话营造共鸣感

在正常谈话中，由于找不到继续推进的话题，只能陷入沉默的僵局，这种情况并不少见。

对方："我的笔记本电脑坏了。而且我一直没发现，直到上周老板开会安排我出差工作，我想起来资料在自己的电脑里，这才发现坏了。"

你："那你一定很着急吧？"

对方："是呀，我很紧张。"

一般的接话：

那你把电脑送去维修方便吗？

高情商接话：

没想到你的资料都在电脑里，我记得你应该有备份的吧。看来备份资料还是很重要，是吧？

一般的接话方式只是就事论事、无话找话，因为对方不论怎么回答，你都难以继续接话，谈话就会陷入僵局。

而高情商接话方式营造了共鸣感，对方无论是否备份了，都会同意你接话的看法。这种共鸣感会推动谈话继续深入。

不谈抽象意义，用细微感受接话

谈话陷入冷场，往往是因为双方都找不到路径来表达自我。尤其当话题变得专业或抽象时，发生这种情况的可能性更大。为了打破僵局，我们可以选择合适的角度接话，从表达个人的细微感受开始，营造彼此善意理解的沟通环境。

例如，同事来你的新家参观，有位业余研究室内设计的同事说"我很喜欢你家，你家的装修风格采用了工业化设计元素，带有不一般的张力，能让人视觉上突然变得开阔起来……"，大家听了，都感觉有些专业，一时间无人接话。

一般的接话：

真专业，我都没听说过这种专业术语。

高情商接话：

您真专业！我家本来不大，使用面积也就 90 多平方米，不少人看了这种装修风格，都以为我家实用面积有 120 平方米呢！

同事的话过于专业，导致聊天冷场，如果采用一般的接话方式就会让气氛变得更冷。而高情商接话方式侧重于表达无伤大雅的细微感受，能让对方感受到你的坦诚和善意。如此接话，并不需要像自我心理剖析那样严谨，也不应过分夸张而戏剧化，只需适当敞开心扉，就能让沟通温度重新回暖。

避免误导他人，要在恰当时机做结论

真正高明的对话者，不仅要学会打破冷场，更要学会避免冷场。当对方抛出话题时，你不能过早提问，这种接话方式会误导他人，偏离他们原本想说的话题，造成尴尬的沉默局面。

同事："昨天我本来是打算准时下班的，结果被部长一个电话，通知我留下来加班三个小时。"

你："部长要你加班做啥？"

同事："要准备下周客户的报告资料。"

一般的接话：

是因为副总也要出席那个会议吧！部长最喜欢在公司高层领导面前表现这些，结果我们只能陪着他做这些。

高情商接话：

怎么会这样呢？

采用一般接话方式，看似很"聪明"，似乎摸透了同事的想法。实际上同事很可能有自己的结论。例如"为什么总是找我加班""加班为什么不早点说"，但他尚未说出口，就被你的说法改变了对话方向而导致冷场。

在对方尚未明确结论时，应适当采取过渡语句而不是做出结论，这才是高情商接话的关键。

面对老话题，用"聊习惯"提升温度

用"下次我也去"或"我也去过"这样的话来接旅游这种老话题，显然并不算高情商，因为无论怎样说，对方顶多只会附和两句。如果用"谁来做攻略"这种习惯来接话，对方就有了继续聊下去的兴趣。类似的主题还有"喜欢坐高铁还是飞机""喜欢多准备行李还是到当地再买""用什么品牌的一次性毛巾"，等等。

在社交、生活聊天中，人们经常想到的话题大都是"旅游""美食""兴趣""运动"等。围绕这些话题，如果只是简单接话，谈话气氛就会非常冷淡。为了让彼此更好地相互了解，可以采取"聊习惯"的接话内容。

在酒桌上，老板带头聊起了自己的旅游："我上个月带老婆和孩子去贵州玩。那里不错，挺有意思的。"

一般的接话：

您选的地方真不错，我都没去过贵州，我下次也去。

高情商接话：

领导，按照您的工作习惯，我感觉在家庭旅游时做攻略的人也应该是您吧。

对方询问近况，用琐事填补冷场

有这样一种冷场类型：双方除工作和业务之外，平时并没有多少其他话题交集。在少有的闲聊场景中，对方为表示客气，试图询问你的近况，但你却不知道如何接话。

例如，客户关心地询问说："最近您好像挺忙的吧？"

一般的接话：
是的，挺忙的。

高情商接话：
忙得发昏。那天我站在地铁里，即将到站，结果我回了个新客户的微信，就耽误了下车。等我反应过来，已经坐过了两站地。

对方询问近况却无实际所指时，可以迅速回忆近期发生过的事情、引发的情绪，再用来作为接话话题。无论这些事情大小，只要当时曾让你感到兴奋、开心、生气、释然、苦恼等不同情绪，都可以向对方说出来，轻松制造出彼此都能接应上的下一个聊天话题。

接住天气话题，让人人都能参与

抛出高情商的接话后，谈话气氛会变得活跃起来，这是因为每个人的具体情况都有所不同。一般而言，降雨概率超过 25% 就会有人带伞，但也有只要出门没有下雨就不带伞的人。对此，每个人都有自己的理由可以表述，在你一言我一语中，讨论就会逐渐激烈，冷场的可能性大大降低。

反之，如果话题始终只停留在天气本身，那么对自然现象的讨论当然无法持续，冷场也就成为必然。

与天气有关的情况，很容易成为大家的共同话题。天气对大众生活影响直接，所有人的感受基本相似。这既降低了参与门槛，也不至于让话题显得过于单薄，无法深入到沟通者身上。

例如，"最近天气不好，总是下雨"这句话，应该如何巧妙接住呢？

一般的接话：

是啊，一到这个季节就会阴雨不断。

高情商接话：

看起来好像要下雨，但又没下的时候，你们会不会带伞？现在天气预报都用概率了，降雨概率 30% 你们会带伞吗？

提问接话，集中注意力炒热气氛

当别人陈述事实后，擅长接话的人能通过提问做好铺垫，方便对方继续拓展回话的空间，共同寻找新的话题。

例如，朋友说："上周末我带孩子去上海迪士尼玩了。"你要怎么接话才能集中彼此的注意力，继续炒热气氛呢？

一般的接话：

哦，那里好玩吗？

高情商接话：

印象应该还比较深刻吧？

一般接话方式中"好玩儿吗"这样的封闭问题过于直接，对方想要回答，就要准备好"具体有哪些好玩项目"的答案，接下来说话的范围就会受到限制。反之，高情商接话提问倾向于开放，"深刻"这种词既可以用来描述好印象，也可以用来描述坏印象，无论对方回答好事还是坏事，都符合"深刻"的特点。在这种高情商接话引导下，可以帮助对方继续集中注意力在现有话题中。

第十四章

用赞美接话，
活跃对方情绪

陌生人自我介绍，赞美不露痕迹

陌生人初识，双方通常都会进行自我介绍。由于是初次见面，在对方完成介绍后，你可以用不露痕迹的赞美表达善意，这种赞美要远胜于普通的接话。

例如，对方说："× 总您好，我是负责这个项目的工程师，我姓张。"

一般的接话：

张工，非常高兴能与您见面，希望我们接下来能合作愉快。

高情商接话：

张工，这个项目是我们两家公司多年合作以来最重要、规模最大的合作，贵司将这个重任交给您，我们非常高兴。有您在，我相信接下来一定能合作愉快。

一般的接话方式虽然很客气，但只是场面套话，实际上并没有解释为什么"非常高兴"，也没有表明"合作愉快"的决心。

高情商接话方式也没有直接夸赞对方，而是强调项目的重要性和规模，以此来表现对方在其公司的地位、在行业的实力，并表示这就是"合作愉快"决心的来源。如此更合适地表达出对张工的赞美，既赢得了好感，又不夸张。

提及重要人物，顺势赞美来接话

在谈话沟通中，如果有人提到颇具分量的人物，如教科文卫领域专家学者、企业家、知名演艺人士等。你不妨用顺势赞美的方式接话，既称赞了这些重要人物，也等同于赞美对方的社会关系或知识见闻。

例如，在一次春节家庭聚会上，某亲戚说："我去年参与后期制作的那个广告，甲方专门邀请了××明星担任主角。"

一般的接话：

看来这个广告投资不小，甲方很重视。

高情商接话：

是吗？××最近在影视圈很火，连续两部作品都很出色，看来甲方很会选人。

综合观察亲戚说话的语气和内容后，可以发现他是在有意突出去年工作中的亮点。此时，如果用"原来你能和××一起工作"接话，会显得过于夸张，但采用高情商接话法顺势赞美接话，就可以恰到好处地与之形成呼应，在夸赞××明星的同时，也凸显了亲戚所参与广告的分量。

对方表现特长，用"美称"接话

在社交场合，大多数人更愿意表现己之所长，以此引起他人的重视。如果想要获得对方的好感，形成积极互动的气氛，就应考虑在他们表现特长时，用"美称"来接话，而不仅仅是以评判者的姿态高高在上勉强回应。

例如，同事说："这周末，我专门做了道松鼠鳜鱼，老婆吃得干干净净。"

一般的接话：

你厨艺这么好啊？真厉害！

高情商接话：

你可真是"居家小厨神"，你太太真是好口福。

一般接话者就事论事评价他人的特长，似乎是在心里和口头给对方打分，即便是称赞也显得有所隔阂。此外，这种接话方式也像是在谈论技能、特长或者优点本身，而不是在谈论具体的人。

高情商接话者直接将对方的特长取为"美称"，赋予其良好的整体形象。通过这种接话，强化对方自信，帮助他们建立个人形象，因而产生充分的价值。

细致观察，赞美对方没注意的优点

对方虽然不是在刻意夸耀二胎，但话语是人们内心思想的一种表达。当她提到"老大老二"时，足以说明其潜意识里对这一信息的表达欲和分享欲。听话者通过细致观察，从语气和内容中抓住这种想法，再采用高情商接话的方式进行赞美。即便并非儿女双全，也能引导对方有意说出真实情况，拉近彼此的感情距离。

会赞美他人刻意表现的优点，是接话高手。如果能赞美他人自己都未注意到的优点，就是情商高手。在看似普通的对话中，有人并没有留心观察、认真思考，因此错过了宝贵的接话时机，也有人主动找到了合适的机会，以接话的方式打开了对方的心门。

例如，多年不见的校友会面，有人说："为了来参加校友会，我把老大老二两个孩子都丢给老公带。"

一般的接话：

是呀，咱们这么多年没见，怎么能错过校友会。你做得对。

高情商接话：

你们才结婚几年，都有老二了，真不错，我猜是儿女双全吧？

对方探询时，借中间人"自夸"

在人际交往中，经常会出现需要通过中间方认识某位新朋友的情境。此时，新朋友可能会通过探询了解，想要摸清你和中间人之间的真实关系。

例如，在一次晚宴上，老朋友 × 先生向你介绍了新朋友，新朋友打招呼："你好，我和 × 先生认识已经 5 年了，经常听他提起你。"

一般的接话：

幸会幸会，非常高兴通过 × 先生认识您。

高情商接话：

× 先生身边的朋友都很优秀，我和他合作多年，已经非常投缘了。这次能认识您，也多亏 × 先生。

面对中间人，一般接话方式显得很平淡，既没有夸赞对方，也没有肯定 × 先生的介绍情面，更未能表露自信心。这种接话无法在对方心中留下什么印象。高情商接话方式则自然地夸赞了 × 先生、周围的朋友、自己，也夸赞了对方，并表达了对 × 先生的感谢，将各方面的社交需求都囊括在内融为一个整体。

先抑后扬，巧妙赞美的奥秘

毫无疑问，高情商接话方式能让你的异性朋友展现出美丽自信的笑容，而一般的接话方式如同蜻蜓点水、泛泛而谈。这是因为高情商接话者利用了先抑后扬的对比法，先列出对方比较明显的优点，压低对其体育天赋的评价，再通过对打球"帅气"的描述形成夸赞。这种赞美方法，能让对方更为明显地感受到你的情绪变化，进而喜欢与你交流。

赞美就像一束花，如何展现赞美的方式可以影响人们印象深刻的程度。有时候，突然拿出的惊喜更让人印象深刻。在沟通过程中，可以用先扬后抑的办法进行巧妙赞美，这种接话艺术能体现出更高的情商。

例如，异性朋友第一次约你出去打羽毛球，你发现她打得不错。休息的时候，她说："好久没打球了。"

一般的接话：

太厉害了，我很佩服。

高情商接话：

说真的，刚认识你的时候，我以为你只是个颜值高、头脑聪明的小女生，不会有什么体育天赋，今天才知道原来你打起球来也这么帅气，太有反差感了！

话题姿态低调，用赞美凸显谦虚品质

并非任何情境下都能找到对方值得赞美的优点，但这并不意味着此时就难以开口赞美。当对方面对自己并不擅长的领域时，其话题姿态会自然而然转入低调，这也是夸奖他们谦虚的好机会。

在某次公司团建中，你的前辈气喘吁吁地跟着大部队登上山顶，说："年纪大了，真心爬不动了，下次这种活动可别叫上我。"

一般的接话：

×哥，这山是挺高的，我爬起来也挺累的。

高情商接话：

×哥，你太谦虚了，那天我看你在健身房里做得挺好，主要是这两天你加班累着了吧。

当对方强调自己"不行"的时候，你的接话不应是"我也不行"或者"大家都不行"等方向，而是应该转而夸赞对方的谦虚、低调。这种高情商接话方式可以很好地将周围人的注意力转移到谦虚品质上，而忽略其原本表达的内容，从而让对方产生良好的社交体验。如果能在接话中再加上一些事实证据，证明对方的谦虚，效果会更好。

气氛变得微妙，用赞美缓和矛盾

在多人沟通交流的场合，言语间难免会产生矛盾。其原因可能是职场团队内部合作不畅，可能是朋友之间的小事争执，也可能是商业利益的谈判纷争，或者是家庭内部的看法不一致。无论何种矛盾导致气氛变得微妙甚至紧张起来时，正确的赞美接话能让谈话迅速"降温"。

例如，在参观车展时，朋友 A 和朋友 B 对同一款车产生了不同的看法，A 不甘示弱地对 B 说："发动机的问题我肯定比你懂得多。"

一般的接话：

对对，你懂得确实比较多，我记得大学时你写过发动机论文。

高情商接话：

说起来，你俩都比我强，A 你写过发动机论文，B 去过德资发动机企业实习，我真佩服你们。

赞美矛盾双方，远比劝双方冷静能更快平息矛盾。在用高情商接话方式时，可以将矛盾双方和你自己进行对比，凸显他们的优点，也向双方暗示各有所长，观点需要彼此互补平衡才更有说服力。如果只会一般的接话，不仅内容毫无说服力，沟通态度也会倒向强势的一方。

新朋友初识，在介绍中赞美双方

介绍新老朋友认识是社交常见的需求。此时，双方并不熟悉，往往会缺少共同话题而容易冷场。这就需要你通过恰如其分的接话，在介绍中融入赞美要素，促使双方尽快熟悉起来。

例如，双方打过招呼、相互介绍后，老朋友 A 对新朋友 B 说："你们公司市场部的王经理，我之前合作过好几个项目，我觉得王经理真是营销的高手。"

一般的接话：

B 先生进公司时，恰巧就是王经理的下属。

高情商接话：

巧了，名师出高徒，B 先生进公司后，正是王经理培养出来的第一批营销尖子。

高情商接话者没有平淡地叙述事实，而是将 B 先生与王经理的关系提升到"师徒"层面，并夸赞其为"名师"和"高徒"。这种接话同时也暗暗夸赞了老朋友 A，因为能和"名师"多次成功合作也足以说明 A 的水平。通过如此夸赞，双方就会逐渐放下戒备，拉近距离。

宾主寒暄，用赞美环境叩开心扉

宾主初次见面寒暄，双方尚未充分了解，能否用赞美来接话呢？答案是肯定的。

由于对人缺乏了解，宾主之间的赞美接话可以围绕环境展开。具体而言，如果环境是对方指定的，可以将环境特点与对方品位联系起来。如果环境是本方选择的，可以用夸赞环境来表现对会面的重视。

例如，本方担任会务接待时，客户在寒暄中说："这次贵司负责会议组织，辛苦了。"

一般的接话：

这是我们应该做的。

高情商接话：

我们领导很重视这次会议，特地叮嘱我选择了本市档次最高、环境最好的这家五星级酒店，这家酒店也是我们长期的合作伙伴之一，在会务接待上很有经验。

一般的接话者如同"接球"，只是单纯接住了话题，却没有任何"发球"的动作，让客户不知道再说什么好。相反，高情商接话者赞美了这家酒店，也对客户地位表示了肯定，同时强调了领导的重视。对方能顺着这层重视的意思，继续深入沟通彼此合作的诚意。

第十五章

联想接话，
带着同理心去交流

144 / 高情商接话

体现责任，突出对方的称呼

这两种接话的差异看似只有称呼，但对强调×经理的职务所产生的效果大有不同。一般的接话者直接说"我"，并没有突出对方的批评主体，没有体现自己是以下级对上级的负责态度在接话，而高情商接话者先强调了对方的工作角色再表态，接话方式显得更严肃和正式，也能帮助领导尽快摆脱负面情绪。

沟通质量的高低与否，取决于双方对自身角色是否明确。如果一方意识到自身责任，但另一方认识不足，就很难产生良好的沟通效果。为此，我们可以用别人称呼作为接话开头，引发其正确联想。

例如，当你的部门领导怒气冲冲地说："你是干什么的，你是怎么管理你的小组的？"

一般的接话：

我不对，我意识到自己的问题了，已经在改正了。

高情商接话：

×经理，我不对，我意识到自己的问题了，已经在改正了。

软化指正，用"设想这种情况"来接话

当对方提出看法，而你出于特定原因不能完全同意时，你该如何接话？直截了当地提出反对意见，会显得针锋相对，引起对方误解。相比之下，你可以采用设想法接话，帮助对方开启新思路，往往能取得更好的效果。

例如，在内部会议上，领导提出方案后说："我觉得这种方案已经很完美了，客户所有要求都能满足。"但你发现领导忽略了工作进度问题。

一般的接话：

领导，这个方案没有考虑时间因素，工作进度可能来不及。

高情商接话：

领导，我设想了一下，这个方案操作是没问题，但如果从头到尾走一遍需要花费几周的时间。

一般接话法的确会因为太直接而引起对方误解。在沟通中，有时我们需要指出对方考虑不周的地方。用高情商接话法应尽量考虑用"我想了一下""设想这种情况"等语气开头，这既能指正对方的错误，也能确保谈话气氛的和谐。

描述期待，接话中邀请对方共设目标

沟通不仅能拉近彼此之间的关系，也能协调工作和生活中的操作步骤，尽快实现共同目标。如果别人和你谈到共同的未来时，你不妨用描述期待的方法接话，邀请对方共设目标。

例如，男朋友说："我想尽快和你结婚。"但你希望借此激励他努力工作。

一般的接话：

那我们必须好好工作，多挣钱，以后咱们才能过上好日子。

高情商接话：

是呀，我也很想和你有个小家庭。到时候一家三口一起，过年过节可以出去旅游。想想那画面，多开心啊！当然，这需要我们各自努力挣钱才行。

如果直白地告诉对方必须如何做，既显得不够尊重，也让人难以接受。高情商接话的人会先描述想要得到的结果，激发对方实现的动力，然后再强调为了获得预期结果而需要付出的努力。这种先感性打动再理性说服的过程，能够轻而易举地获得他人的认同。

抓住热点，用新闻灌输有趣感

移动互联网的普及和信息传播速度的增长，在为生活带来极大便利的同时，也为日常接话带来了充分的发挥空间。用热点与沟通要点加以结合的接话方式，能够帮助对方展开想象，收获愉悦感。

例如，周末清晨出门跑步，遇到了邻居，他说："这么早就出门了呀！"

一般的接话：

是啊，你也挺早就出门跑步了。

高情商接话：

是呀，最近召开奥运会，我又有了锻炼的热情。看来你也是呀！

一般的接话方式只是陈述跑步事实，无法让对话进一步延伸。高情商接话者谈到近期的重大体育新闻，双方可以围绕相关话题进一步聊下去，即便不再多聊，也会给邻居留下良好印象，认为你是一个有意思的人。

采用热点联想接话方式，要注意热点和对方知识面的契合程度。案例中，邻居在周末都会锻炼，肯定对奥运会召开这件事并不陌生，由此才会产生相关联想，并认为你和他是同一类人。

"摄影机"式接话，别让人总是在旁观

摄影机接话法就是一种高情商接话的方式，它重在调动对方的感知，用视觉、味觉、嗅觉、触觉等方式去接住他们正在思考的话题，再予以放大其感受。这种感受能对他们产生充足的吸引力，使其愿意和你进行更多交流。

当然，使用这种接话法应注意准确性，如果你对谈话主题并没有预先充分了解，还是应该尽量谨慎。

当谈话的另一方想要知道更多细节时，你会如何接住他们的话语？是让他们始终站在一旁观察，还是让自己的语言变成摄影机，带领他们身临其境？显然，后一种选择更好。

例如，客户知道你是湖南人，若有所思地说："那年我去湖南乡下，吃的腊肉的味道我这辈子也忘不了。"

一般的接话：

嗯，腊肉是我们那里的特产，家家户户都会做。

高情商接话：

是呀，如果您再去我们那里，一到冬季，就能看见家家户户门前屋后悬挂着串串香肠、腊肉，远远看去特别亮眼。到了晚上，随处弥漫的烟熏香味能够给人带来家的感觉。

展开想象的翅膀，将对方的成就放大描述

面对他人对自身成就的表述，如果你希望能提升谈话的温度，获得对方的肯定，不妨采用想象的方式接话，对其具体成就加以放大。

例如，孩子回到家中对你说："妈妈，今天学校发奖状了，我也拿到了。"

一般的接话：

是吗？你得的是什么奖状，让我看看。

高情商接话：

是吗？让我猜猜。我猜，你拿奖状的时候一定被老师请到讲台上，老师把奖状递到你的手上说，小朋友们一起为他鼓掌！大家都很开心！是不是这样？

一般的接话方式显得相对疏远，无法让孩子感受到他与你分享喜悦时的快乐。高情商接话方式则想象了孩子获得奖状时的具体场面，无论猜得是否正确，孩子都会因为你对谈话的投入感、参与感而兴奋。

人都是渴望被承认、被关注的，在面对谈话对象时，利用联想或想象的方式去满足他们内心的这种渴望，你将会收获更多的情感回报。

带动想象力，从模棱两可接话开始

一般接话方式采用直接否定的态度，虽然明确传递了拒绝信息，但却会伤害对方的好意，也断绝了未来跳槽的可能。高情商接话方式表面上是在询问提成有多高，实际上传递出看重长远发展的意图，同时也没有完全拒绝，而是给了同事充分的想象空间，为今后的进一步沟通留出必要的可能性。

通常而言，沟通的态度应该明确，从而高效传递信息。但在特殊情境下，如果你不希望明确表达意图，不妨用模棱两可的方式接话，让听众自行想象。

例如关系很好的同事要辞职了，对你说："和我一块儿跳槽过去吧，那边给的提成更高。"但你并不看好对方去的公司。

一般的接话：
我不想去，提成高不代表长期发展就好。

高情商接话：
他们给的提成有多高啊？有没有我的梦想那么高。

放飞话题，"看上去好像"的妙用

沟通话题的边界受制于人与人的关系，同样也受制于话语所引起的想象范围。如果你想要扩大这一边界，就要学会使用"看上去好像"这样的话术，为对手画出思维航线。

例如，在商务洽谈中，客户说："你们的营销队伍实力不够，可能做不好我们的产品。"你希望用线上营销模式打动对方。

一般的接话：

实际上，贵司的产品更适合线上销售，主要原因如下：……

高情商接话：

贵司的产品我研究过，从产品性能、用户特点、市场竞争等角度看上去好像更适合线上营销，具体原因如下：……

一般的接话方式过于确定，无法调动客户的想象力，他们很可能依然受制于对产品的原有认识。高情商接话方式运用了"看上去好像"的说法，这种说法代表了两种可能性：是或否。为了得出最后结论，客户就会设想两种不同的结果，并想象对应的模式。无论客户怎么想，接下来他们都会愿意就这个话题同你展开更深入的讨论。

"我猜……"接话，让对手表现真实想法

好友的话语令人捉摸不定，可以理解为风格变好看了，也可以理解为她对新风衣不太满意，更有可能她自己也拿不准效果如何，希望听到你的客观评价。此时如果你直接说看不出来，就会导致话题中止，无法体现你对好友的关怀。高情商接话方式则另辟蹊径，用"我猜"开头，从风衣的来源接话，她可能会说"这个人的眼光我真搞不懂"，也可能会说"是我自己看了感觉喜欢才买的"，无论怎么说，你都能更近一步了解其真实想法。

当对方的态度并不明确时，无论你怎么说都可能会被对手用话语"挡回来"。如果和对方足够熟悉，你可以采取"我猜"话术，试探出对方的真实想法。

例如，好友穿了一件新款风衣，语气平和地说："我穿这件衣服，好多人都说和以前的风格不一样。"但你不太明白她的意思。

一般的接话：
有什么不一样？我看不出来呀。

高情商接话：
我猜，是男朋友送的礼物吧？

想结束的话题，用"我不会这么想"来接

在较为正式的场合，如果话题转向你并不愿意接受的方向，不必用直接否定的态度加以逃避，而是可以用"我不会这么想"之类的话来解释。

例如，保险销售员对你说"先生，今年在我家买车险吧。虽然价格有调整，但保障力度更大，很多人都觉得性价比更高"，但你觉得根本谈不上什么性价比。

一般的接话：

谢谢，但你们这个产品也没什么更大的保障力度。

高情商接话：

谢谢，但我并不这么想，我对性价比的理解和他们不一样。

如果你想尽快结束负面话题，就不要用否定的方式接话，因为这势必会让对方继续坚持和你讨论。高情商接话者可以用"我并不这样想"接话，这会让对方停下话语，重新思考客观事实，进行合理的联想和分析，对自身逻辑进行充分整理。

当然，如果是面对上级、客户或者重要人物，你需要在"我并不这样想"的表述后加上一定的解释，给对方的联想提供必要指引。

第十六章

思辨接话，
创造共同思考的机会

用求教姿态接话，没有人会拒绝

对话是人类交换信息的手段，也是学习知识的过程。当你希望能从对方那里获取更多知识时，可以用求教的姿态接话。这种接话类型，既需要合适的称呼，也需要精准地提问，还要用语调和语气加以配合。

例如，在一次社交活动中，某位专业儿科医生对大家说："最近流感暴发，对孩子的影响更大。"但你想知道更多。

一般的接话：

那请问我们该怎样预防呢？

高情商接话：

老师，能不能请您指点一下，我们希望得到专业的防护知识。

用高情商接话的方式求教他人时，应该用合适的称呼进行接话。案例中，沟通对象在面对患者时会习惯被称为"医生"，但在医院内部进行沟通交流时，经常被称为"老师"。当你用"老师"的称谓接话时，对方会对你产生良好的第一印象。

在称谓后，你还应该说清自己想要什么，才能让对方清楚你的需求，并确信自己能帮到你。

讨论是平等的，不妨直接提疑问

当你希望和对方直接对等讨论时，就要注意保持正确的接话态度。无论对方是领导、客户，还是长辈，你都不必太过热情或谦卑，而是要通过接话来开启客观冷静的思辨讨论。

例如，公司部门的前辈说："你刚从实习岗转过来，很多事情可能还不太懂。"

一般的接话：

是的，我要多学习，以后请您多多指教。

高情商接话：

很感谢有您的指点，可以请教一下我们部门最重要的工作原则吗？

大多数人在遇到前辈类似的说法时，都会选择谦卑态度，实际上这种沟通反而是低效的。即便你强调"请您多多指教"，但却并没有提出实质性的讨论内容，对方想要传递重要信息也无从开口，更会由于你的接话而断定你是职场菜鸟。相反，高情商接话者直接表达出请教的目标，邀请对方参与工作原则的讨论，在展示个人分量的同时，也可以帮助对方思考。

找对方最懂的话题，凸显共同点

如何通过迅速接话让别人认同你？找对方最懂的话题展开讨论，可以凸显彼此的共同点，让双方成为朋友。

在朋友组织的聚会上，一位新朋友说："这家的咖啡味道还可以。"

一般的接话：

是不错，我感觉也挺好的。

高情商接话：

我感觉他们用的咖啡豆品种不错，好像和其他咖啡馆不一样。

如果总是采用附和的语气和内容接话，任何人都很难注意到你的存在。尤其在社交场合，如果你采取一般接话方式，对方最多只会认为你态度和善，但如果你采用高情商接话方式，对方则会认同你也是"自己人"并放大彼此的共同点。

采用高情商接话法，就要在平时注重积累各方面的知识，即便只是各领域最浅显的知识（知道咖啡豆有不同的品种，但并不一定能说出具体的名称），也足以在普通场合应用。

谈论成功时，向对方学习经验

当别人谈论其成功时，如果能通过接话来打开对方的话匣子，就能向对方学习经验。

例如，朋友说："公司年底考核，我 KPI（关键绩效指标）拿了第一。"

一般的接话：

你真厉害，肯定很努力吧！

高情商接话：

你们公司的项目那么多，你是怎么做到提高工作效率的？教教我吧，我也想争取 KPI 拿第一。

任何人的成功，其背后都必然有对应的经验。接话不应只有简单的夸赞、恭维，还可以采用请教的口吻，向成功的人学习他们取得成就的经验和教训，为自己的发展提供有益的指导和启示。请教接话应突出重点，表明自己想要学习的方向，如案例中的"怎样提高工作效率"，也可以是"怎样把握分寸""如何说服别人"，等等。如果是泛泛而谈地请教，效果会不尽如人意。

谈论失败时，帮助对方思考收获

当别人谈论其不尽如人意的遭遇时，安慰语气并不是最好的接话方式。想要帮助他们走出负面情绪，就应该用语言积极引导，共同展望未来。

例如，朋友说："我和她分手了，怎么办，好痛苦！"

一般的接话：

分就分呗，没什么大不了的，她配不上你。

高情商接话：

说实话，你俩在一块儿总是有矛盾，分了也是好事。这次你就当交学费了，以后在谈朋友之前一定要了解清楚，就不至于整天吵吵闹闹了。

谈论失败终究不可能是一件开心的事。一般的接话方式相对肤浅，安慰也只是流于形式。高情商接话方式将对方眼前的失败定义为"交学费"，将表达重点建立在对收获的思考上，从而有效展望未来。这种接话能帮助对方走出失败感，重建新的目标。

设置悬念，抓住听众的疑惑点

通过接话，吸引别人的注意力，最好的办法就是设置悬念，引发对方思考，激发他们的好奇心。

这种接话方式，古人就已熟练掌握并写入了史书中。《三国志·魏书》记载，曹操想要废除曹丕的世子地位，改立曹植为世子。他将这个想法说给谋士贾诩听，并说："你说说你的看法。"但贾诩却闭口不答，曹操便问他为何不答。

一般的接话：

一般人："我觉得不太合适。"

高情商接话：

贾诩说："我刚才正在想一件事，因此没有及时回答您的问题。我想的是袁绍、刘表父子的事情。"

以贾诩的智商和情商，当然不会选择一般的接话方式，他用"我刚才正在想一件事"作为悬念，吸引曹操听他接下来的表述，即用袁绍、刘表不立世子而立幼子带来的失败，暗示曹操的决定是错误的。

利用悬念吸引注意力，再委婉地表达自己的意思，就能让对方在有效停顿中产生兴趣、积极思考，最终达成接话目的。

预料之外的接话，别总按常理出牌

在沟通中，总是按常理出牌，只会让对话变得索然无味。越是预料之外的接话，越会让对方想要继续聆听下去，甚至还可以让他们获得惊喜体验，并期待与你的后续谈话。

例如，朋友说："我喜欢小宠物，它们真可爱。"

一般的接话：

我也好喜欢。

高情商接话：

我最讨厌小猫小狗了。（暂停数秒钟）因为我看到它们就走不动路，就会变成星星眼！

明明同样是喜欢小宠物，但偏要先说成"最讨厌"，然后再解释原因。这样的接话，会给朋友在心理上造成反差感，让他们先疑惑再猜测，最后才发现真相。这样的接话方式能让你在他人眼中充满睿智和亲和力，塑造健康、有趣的社交形象。

倒置思辨，先说结果再说原因

在习惯性思维框架内，沟通陈述总是先说原因再说结果。但在实际接话时，可以根据实际需要调整顺序，将因果倒置后重新表述，激发对话者开启崭新的思辨路径。

例如，下属问："领导，那个设计方案，通过了吗？"

一般的接话：

在大家的共同努力下，设计方案客户同意了，今天大家可以准时下班。

高情商接话：

这周末都不用加班了。因为之前我们的工作效率很高，方案已经通过了。

采用一般的接话方式，下属的情绪没有被引爆，也就很难对"共同努力"的原因产生深刻的印象。相反，先宣布不用加班，让下属感受到愉悦的体验，随后再表明这种愉悦的来自"效率很高"。这能帮助下属进一步思考，意识到提高工作效率的重要性。

第十七章

叙述接话，
人人都爱听故事

吸引全场，叙事化接过探询

当你面向一群新朋友的探询时，可以采用叙事的方式，吸引所有人注意。

例如，新朋友聚会上，有人对你说："听说你是从北方过来的啊。"

一般的接话：

是的，我是天津人。

高情商接话：

我来自天津。那里最有名的不是景点，也不是吃的，而是相声。说到相声，天津故事就多了。

简单地说"我是天津人"当然没有任何问题，但如果希望在社交场合中给人留下热情开朗、善于交际的印象，就应该采用高情商接话法，叙述天津城市的特点，将相声的相关意象融入其中。

叙事化接过探询的技巧，可以应用于社交场合，但不适合用于工作、面试等正式场合。

引述见闻，"我的朋友"开场白

当有人谈到你了解的话题时，你可以直接以第一人称接话，但某些情况下，也可以用"我的朋友"作为开场白。采取第三人称叙事的方式，往往能更灵活地表达意思。

例如，有人说："那家游乐园我去过，没什么好玩的。"而你恰巧知道这家游乐园。

一般的接话：

我去过。他家白天的项目一般，但晚上有花车巡游和烟火表演，非常有意思。

高情商接话：

我朋友去过。他家白天的项目一般，但晚上有花车巡游和烟火表演，非常有意思。

用"我去过"接话，虽然显得很真实，但会让你和说话者的意见直接对立。如果对方和你关系普通，就会多少有些下不来台，甚至开口反驳。但高情商接话法用"我朋友去过"接话，听上去更和缓，也表达了同样的意思。

这种接话方式更适合用来和关系普通的人讨论普通类型的话题。如果是重要话题则并不适合。

随机接话，叙述被打断怎么办

如果你当众叙述一件事，被某位过于热情的听众打断，你该如何接话呢？这不仅考验你的临场反应，也考验你的知识储备。

例如，当你说到自己曾在高速上连续开了一夜的车，有人突然插话："那你怎么可能不困？我不信。"

一般的接话：
我就是不困啊，总是有人能坚持这样的。

高情商接话：
我当时肯定困，但是我想到了你说话的声音，就一点儿都不困了。

如果单纯否认自己并不困，无疑会打断叙述的进程，让听众们的注意力从叙事跳到当下。高情商接话法巧妙地利用插话者的介入，既解释了原因，又将叙事框架保持在情节中。

叙事被打断，通常都源自细节介绍不详细而导致听众质疑。在叙事过程中要随时注意故事细节和当下环境的联系，以此接话来弥补被打断的遗憾。

案例之道，用故事简化解释

并非任何场合都有充足的时间让你解释。在面对某些角度刁钻的话题时，可以用故事作为案例，有效简化解释，达到应有目的。

例如，在一次集体会议上，有其他部门代表对你说："我想了解一下，为什么你们部门推选小张这样年轻的员工为年度优秀人选？"

一般的接话：

小张非常优秀，为公司作出了很多贡献。

高情商接话：

我记得，去年整个部门工作最紧张的那段时间，由于特殊情况，小张决定住到办公室。从那时起，到项目完成，他在办公室整整住了一个月，直到工作顺利完成……

小张成为优秀员工的理由或许很多，但一一道来不仅时间不允许，也难以理清头绪。如果像一般接话者那样简单作答，又显得缺乏说服力而底气不足。高情商接话法以小张在去年工作中最让人印象深刻的事情为例，生动有效地打动了所有人。

采用案例接话法，需要找到最精准、最具有说服力的案例，否则很难实现最佳效果。

利用对方的话语，借力开启叙事

利用对方话语中提到的元素，借力开启你的叙事。这种接话技巧相当于激起了听者的好奇心，再将之打造成一把充满魔力的钥匙，带其走进你预设的世界。

例如，客户问："你们对产品质量的检验结果是否有把握？"

一般的接话：

在我们公司总经理亲自招聘和培训下，检验队伍素质高、经验丰富，完全能应对质量检验需求。

高情商接话：

谈到检验，我想到一件事：从公司创立以来，总经理就非常重视产品质检工作。他亲自打造的队伍只有一支，那就是检验队伍。从招聘到培训，都是他一手主抓……

一般接话者只提到了质量检验队伍是总经理亲自抓的，但没有具体情节。高情商接话者以"检验"为核心，随后列举了时间、人物、起因、发展，能让客户跟随叙事线清楚地了解产品质检队伍的发展和成长，也对结果有了充分信心。

场景铺陈，围绕物品讲故事

叙事接话，既可以核心词作为起因，也可以设置物品作为核心点。将物品作为核心点，在不同场景内移动，可以进行生动的叙事接话。

例如，领导说："你最近工作效率不错啊。"

一般的接话：

领导，我最近走到哪里都在想工作。

高情商接话：

领导，你看我这台笔记本电脑。上班时它在我桌上，地铁上它在我包里，回家了它就在我饭桌上。我是勤能补拙。

面对领导的表扬，你当然也可以选择低调接话，但如果你想借此机会让领导对你产生深刻的印象，不妨运用高情商接话法，采用叙事接话的方式，用"笔记本电脑"这样的物品，通过更换场景，让领导仿佛看到不同时刻、不同地点努力工作的你。

围绕物品叙事，要能迅速找到与谈话主题联系最紧密的物品，并联想到这些物品可能出现的场景，最终将不同场景与物品联系起来，表达你想要的接话主题。

突出细节，从时间地点入手

以叙事方式接话，需要你能充分突出细节来吸引听众。你可以将时间、地点作为重点要素以实现上述效果。

例如，同事说："记得去年最忙的那段日子，我俩加班最多。"这让你想到那段时间同事的贡献。

一般的接话：

是啊，当时幸亏你帮了大忙。

高情商接话：

是的，我记得那天还下着雪，窗外一片白茫茫，路上很少看见车辆。你为了给客户调试产品，专门开车来回跑了两趟。

如果只是一般接话，很难传递你对同事贡献印象深刻的信息。采用高情商接话方式，就应从时间、地点的特征加以表述，积极传递有关的细节信息，让对方了解你的深刻感受。

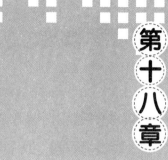

第十八章

接话禁忌，
注意信息红绿灯

随意的话，不要认真接

在沟通中，如果对方只是出于礼貌应酬而随口说出的话，你当然不能置若罔闻，但也不能过于认真。否则就很可能导致对方进退维谷，破坏沟通的气氛。

例如，酒桌上，邻座对你随口说："这道鱼不错，您试试。"但你恰恰不爱吃鱼。

一般的接话：

我不爱吃鱼，闻到鱼腥的味道就难受。

高情商接话：

谢谢！今天的菜味道都很好，您觉得呢？

邻座向你让菜，主要是出于礼貌的建议。如果你非常较真地告诉对方真相，甚至还要说出"过敏"之类的原因，会让对方陷入不知该如何回答的境地。反之，高情商接话方式通过得当过渡，将谈话主题变成讨论菜的整体口味，邻座也会顺利地跟随这一转变。

玩笑的话，不要刻板接

在生活中，我们总会认识一些爱开玩笑的朋友。在面对他们正常的玩笑话语时，切忌用严肃刻板的态度去接，否则不仅会影响彼此之间的关系，也会让周围的人际圈认定你是开不起玩笑的人，导致你的社交形象受损。

例如，朋友开玩笑说："你刚结婚，现在就不敢出来喝酒了吗？你这是'妻管严'吧。"

一般的接话：

这和结婚没关系，是我最近没时间喝酒。

高情商接话：

我现在是进了围城，既要管家事，又要工作，只能在城头看着你们开心，同情我吧。

面对朋友善意的玩笑，没有必要用一五一十和盘托出的态度接话。高情商接话者用玩笑口吻应对别人的玩笑，既能满足对方亲切沟通的想法，又能解释自己不愿意出来喝酒的原因，维持了对方和自己原有的关系，也保留了良好的社交形象。

客套的话，不要当真接

在社交场合中，当别人说出善意的邀请话语时，你应能第一时间分辨清楚这究竟是真实表达，还是仅出于客气。如果你总是把别人的每句客气话语都当真，周围人对你的印象就会停留在"不成熟"阶段。

例如，部门加班到晚上，领导说："要不我待会儿顺路开车带你回去。"

一般的接话：
好啊，谢谢领导！

高情商接话：
不用了领导，我可以坐地铁回去，很方便的。

一般接话者把"客套话"当成了真话，而高情商接话则听出了其言外之意。如果领导真的想要带你回去，他就不会说"要不"，而是直接用命令式的口吻说"你坐我车回去"。加上了"要不"这种前置选项，说明他的话纯粹出于礼貌客套。如果听不懂弦外之音，就会触碰禁忌。

引用的话，不要随便接

当对话者引用他人话语时，随便接话的态度并不可取。尤其是当你并不清楚他的真正用意时，随意接话可能会暴露自己的真实意图，或者让对方找到逻辑漏洞。

例如，谈判对手说："我们的技术专家说，目前贵公司的产品性能可以满足我们的需求。"

一般的接话：

那肯定，我们的产品就是你们最合适的选择。

高情商接话：

专家对我们的产品还有哪些看法呢？我们希望能听一听更多意见或者建议。

在案例中，如果采用一般的接话方式，对方紧随一句"但到明年，可能就满足不了了，因为我们的需求会变"，接话者就会难以应对。这是因为接话过于随便，导致落入对方设置的对话陷阱。

而用高情商接话的方式，在对方引用他人话语时，如果一时判断不清其用意，不妨以开放式问题来接话，引导对方说出真实意图。

道歉的话，不要立刻接

别人出于内疚或善意，向你表示道歉时，你应该如何接话？正确的接话原则是为自己留有一定的空间，不要立刻发话，否则容易导致本方处于被动。

例如，车险销售员对你说："真不好意思，今年您的保费需要增加了，之前我没有及时通知您。"

一般的接话：
是吗？那你们到底是怎么算的？

高情商接话：
请详细告诉我保费增加的原因，然后我会决定是否继续在你们这里购买车险。

车险销售员的道歉话语，像是一种善意的姿态，希望通过这种姿态，促使你接受涨价的事实并继续购买。如果接话者沉不住气，就会指责对方，无法传递出本方的真实意图。高情商接话者则提出更多信息要求，并表示会推迟决定，为彼此进一步沟通留出应有的余地。

感谢的话，不要高调接

与道歉相比，人们更愿意听感谢的话。大多数感谢的话是真诚而富有人情味的，接话者也更容易表现得比较高调。

例如，老同学说："我记得那时候咱们在一个寝室，你经常把饭卡借给我用，太感谢了！"

一般的接话：

是呀，那时候你经济情况不好，我想都没想就帮你了。

高情商接话：

同学之间互相帮助是应该的，你也在很多方面帮了我，我同样记得。

采用高调态度面对感谢话语，很容易表现出两种极端：或者过于强调自身，或者过于压低他人。在案例中，一般接话者想说的是自己如何关爱同学，但其他人的注意力或许被吸引到"经济情况不好"这件事上，给老同学造成困扰。相比之下，高情商接话者的姿态更为平和，也更尊重对方。

个别的话，不要代表群体接

如果对方所说话语只代表自己，而不代表其所在集体，你也不应该用代表集体的身份来接话，否则很容易出现一叶障目的结果。

例如，外地朋友说："我觉得你们这座城市，没有我们老家 ×× 市包容。"

一般的接话：
×× 市也没那么好吧，我们也经常听说你那里的负面新闻。

高情商接话：
我感觉你在我们这里肯定遇到了什么不公平的事情，能不能说说？

外地朋友的抱怨只能代表其个人看法，并不能代表 ×× 市所有人。因此，你也应避免代表整个城市来接话。一般接话用"我们"的说法，就触碰了禁忌，容易将对话矛盾升级。高情商接话者只强调"我"，并请对方说明原因，显得客观而公平。